经典中漫步 5

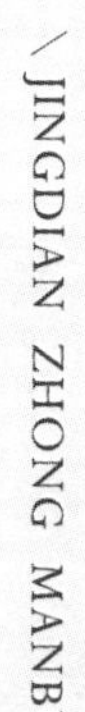

主编 徐名印

亲爱的同学，当你打开这本书时，你就开启了一段惬意的旅程。从相遇、相知，到相伴前行，淡淡的书香将一直萦绕在你身边。

在初中语文教材里，你会读到许多名篇佳作，你将会沉浸在充满智慧、有温度的文字世界中，语文素养自然会得到提升。面对神秘奇幻的自然、日新月异的世界、渐趋丰盈的人生，每册教材中的二十几篇课文，恐怕很难再满足你的阅读需求，你的阅读理应更广泛、更自由、更专业。如何让课内外读物有机融合成滋养你成长的沃土？如何让点滴的阅读收获汇聚成助推你遨游书海的动力？我们汇聚全国各地的名师，在研读教材的基础上精选文章，设计帮你实现高效阅读、自主学习的平台和支架……

于是，便有了摆在你面前的这本书。

这本书分为经典诵读、单元学习、整本书阅读三个板块。

第一个板块是“经典诵读”，所选古诗词历久弥新。针对诗词中可能会给你造成阅读障碍的生字难词，我们加注了读音和注释，且辅以专业诵读音频供你赏听以及鉴赏资料供你查阅。希望你能利用每天的晨读或其他课余时间反复诵读，持之以恒，假以时日，定能厚积薄发。

第二个板块是“单元学习”，我们精心挑选了一组与课文主题相关的文章，组合成一个阅读单元，让你在学习课文的基础上拓展阅读更多佳作；针对教材中的每个写作主题，我们也选取了相应的文章（含片段）组成单元，为你的写作指引方向或触发灵感。其中“范文阅读”“组文阅读”“自由阅读”和“类文阅读”四个小标签可提示你采用不同的方式进行阅读。选文之外还附有单元导语、旁批、学习提示、单元学习任务等助读工具，为你的自主阅读提供助力。

带有“范文阅读”标签的文章最贴近教读课文的学习要点，你可以在学过教读课文后，参看这些范文中的旁批和文后的学习提示进行阅读，习得课内所学。

带有“组文阅读”标签的文章都与教读课文主题相关，帮助你在多篇文章的比较阅读中拓宽视野、发展思维、形成能力。阅读时，你可以参看文后的单元学习任务，运用阅读所得解决实际问题，提升语言文字的实际运用能力。

带有“自由阅读”标签的文章与自读课文相关联，你可以根据自己的需要、兴趣自主选择阅读，多读、少读、深读、浅读皆可，如能养成边读边做批注的习惯，你会邂逅更多精彩与惊喜。

带有“类文阅读”标签的是一组与单元写作要求相匹配的文章。这组文章的首篇附有旁批，配合单元写作重点为你的写作实践提供技巧点拨。

第三个板块是“整本书阅读”，推荐书目多为《义务教育语文课程标准（2011版）》中建议初中生阅读的名著。我们设计了“阅读导航”“精彩选篇”“阅读规划”“交流平台”等助读工具，若能激发你的阅读兴趣，为你提供科学的方法指导，助你养成主动阅读整本书的习惯，我们将由衷地感到欣慰。

愿这本书能陪伴着你在阅读的黄金时期，与经典交流，与大师对话，帮助你积累知识，开阔视野，丰富心灵，培育精神，做睿智、优雅的人！

顾之川

经典诵读

第一单元　生之大义

范文阅读

组文阅读

第二单元　勇者无畏

自由阅读

第三单元　勤学励志

范文阅读

组文阅读

第四单元　词海泛舟

范文阅读

组文阅读

第五单元　布局谋篇

类文阅读

第六单元　书里书外

范文阅读

组文阅读

第七单元　意境之美

范文阅读

组文阅读

第八单元　含蓄之美

自由阅读

第九单元　品文谈艺

自由阅读

第十单元　修改润色

类文阅读

整本书阅读

在经典中浸润，在诗海中徜徉，让心灵开始一次雅韵悠长的旅程。从《诗经》到宋词，从田园到边塞，从婉约到豪放，从现实主义到浪漫主义……那些作品，或率真质朴，或清幽缠绵，或慷慨刚健，或隽永蕴藉，寄托了中华儿女的家国情怀，传承着博大精深的中华文明。

有了诗词的濡染，我们的学习自当渐入佳境；有了经典的浸润，我们的生活定会异彩纷呈。

扫码收听朗诵音频

1. 黍　离

⊙《诗经·王风》

彼黍离离[1]，彼稷[2]之苗。行迈靡靡[3]，中心摇摇[4]。知我者，谓我心忧。不知我者，谓我何求。悠悠苍天[5]，此何人哉？

彼黍离离，彼稷之穗[6]。行迈靡靡，中心如醉。知我者，谓我心忧。不知我者，谓我何求。悠悠苍天，此何人哉？

彼黍离离，彼稷之实。行迈靡靡，中心如噎。知我者，谓我心忧。不知我者，谓我何求。悠悠苍天，此何人哉？

赏析

全诗共三章，以“彼黍离离”反衬诗人的忧心忡忡，以“彼稷之苗”“彼稷之穗”“彼稷之实”强调时间的变幻对人心情的深刻影响，又以“知我者，谓我心忧。不知我者，谓我何求。悠悠苍天，此何人哉”进行反复咏叹，极写诗人无人理解、难以排遣的痛苦心声。后人便以“黍离之悲”来指代对国家残破、今不如昔的哀叹。

---

① 离离：繁茂的样子。

② 稷：高粱。

③ 靡靡：行走迟缓的样子。

④ 摇摇：心神不安的样子。

⑤ 苍天：青天。

⑥ 穗：谷穗。

扫码收听朗诵音频

2. 燕歌行[1]

⊙〔三国〕曹丕

秋风萧瑟天气凉，草木摇落露为霜。
群燕辞归雁南翔，念君客游思断肠。
慊慊[2]思归恋故乡，君何淹留[3]寄他方？
贱妾茕茕[4]守空房，忧来思君不敢忘，不觉泪下沾衣裳。
援琴鸣弦发清商[5]，短歌微吟[6]不能长。
明月皎皎照我床，星汉西流夜未央[7]。
牵牛织女遥相望，尔[8]独何辜[9]限河梁。

---

① 燕歌行：乐府《相和歌辞·平调曲》名。这个曲题大多用来写征人或游子、思妇的离别之情。

② 慊（qiàn）慊：不满、怨恨的样子。

③ 淹留：久留。

④ 茕（qióng）茕：孤独忧伤的样子。

⑤ 清商：东汉以来在民间曲调基础上形成的一种新乐调。古人认为这种乐调是象征秋天的。

⑥ 微吟：低声吟唱。

⑦ 央：尽。

⑧ 尔：指牵牛星、织女星。

⑨ 何辜：何故。辜，通“故”。

开头三句写出了深秋的一片肃杀情景，为女主人公的出场做了准备。这里的形象有视觉上的，有听觉上的，有感觉上的，给人一种空旷、寂寞、衰落的感受。这种情景和即将出场的女主人公的心情是一致的。接下来三句借写被思念人的活动来突出思念者感情之急切、深沉。紧接着描写了女主人公在家中的生活情景：她独守空房，整天以思夫为事，常常泪落沾衣。女主人公在这秋月朗照的夜晚，愁怀难释，她取过琴想弹一支清商曲，以遥寄自己难以言表的衷情，但是口中吟出的都是急促哀怨的短调，总也唱不成一曲柔曼动听的长歌。月光透过帘栊照在她空荡荡的床上，她抬头仰望碧空，见银河已经西转，才知道此时夜已经很深了。这时，她的眼睛忽然落在了银河两侧的那几颗亮星上：啊！牛郎织女,你们到底有什么罪过,才叫人家把你们这样地隔断在银河两边呢？这个声音是一种强烈的呼吁，是一种悲凉的控诉，是一种愤怒的抗议，这两句如怨如诉、如惑如痴的话，既是对天上双星说的，也是对自己说的，同时也是对和自己命运相同的千百万被迫分离、不能团聚的男男女女们说的。

在艺术上，曹丕把抒情女主人公的感情、心理描绘得淋漓尽致，女主人公雍容而又矜重，炽烈而又含蓄，急切而又端庄。作品把写景抒情、写人叙事以及女主人公的自言自语，巧妙地融为一体，构成了一种千回百转、凄凉哀怨的风格。

扫码收听朗诵音频

3. 读《山海经》(其一)

⊙〔晋〕陶渊明

孟夏[①]草木长，绕屋树扶疏[②]。众鸟欣有托[③]，吾亦爱吾庐。
既耕亦已种，时还读我书。穷巷[④]隔深辙[⑤]，颇回故人车。
欢然酌春酒[⑥]，摘我园中蔬。微雨从东来，好风与之俱。
泛览周王传，流观山海图。俯仰[⑦]终宇宙，不乐复何如！

赏析

这首诗是《读〈山海经〉》组诗的第一首。耕种、读书、饮酒是陶渊明归隐后主要的生活内容，这些也成了他重要的诗歌创作题材。此诗写诗人在耕种之余，独自饮酒、读书的乐趣，表现出淡泊、超然、乐观的精神，与自然显得十分和谐。他将平常的景致、日常的生活写得充满诗意，属词清雅浅近，宣叙的节奏舒缓连贯，毫无斧凿痕迹。酌酒摘蔬、微雨好风数句，似信手拈来，境趣极佳，为后人激赏。

---

① 孟夏：初夏，农历四月。孟，始，每季的第一个月。

② 扶疏：枝叶繁茂纷披。

③ 欣有托：因为有了依托而高兴。托，依托，指寄身之处。

④ 穷巷：偏巷。

⑤ 隔深辙：距离大路很远。隔，隔开，相距。辙，车轮碾过的痕迹，代指大路。

⑥ 春酒：冬天酿造、经春而熟的酒。

⑦ 俯仰：俯仰之间，形容时间很短。

扫码收听朗诵音频

4. 马嵬[1]（其二）

⊙〔唐〕李商隐

海外徒闻[2]更九州，他生未卜[3]此生休。
空闻虎旅[4]传[5]宵柝[6]，无复鸡人报晓筹[7]。
此日六军同驻马，当时七夕笑牵牛。
如何四纪为天子，不及卢家有莫愁？

赏析

“安史之乱”潼关被攻破时，唐玄宗逃往蜀地避难。随行军队行至马嵬驿哗变，杀死奸臣杨国忠，并要求赐死杨贵妃。唐玄宗不得已令杨贵妃自缢，史称“马嵬之变”。李商隐咏叹这一历史事件的诗有两首，这是其中的第二首。唐人咏马嵬的诗很多，但绝大多数是把罪责归给杨贵妃，而为唐玄宗辩护，而李商隐的这首诗批判的锋芒直指唐玄宗。作者在尾联向世人发出冷峻的诘问：为什么当了四十多年的皇帝，唐玄宗反不如普通百姓能保住自己的妻子呢？这一反问虽然含蓄却很有力，包含强烈的对比，发人深省。

---

① 马嵬：在今陕西省兴平市马嵬街道。

② 徒闻：空闻，指没有根据的传闻。

③ 卜：预料。

④ 虎旅：指跟随唐玄宗赴蜀的禁卫军。

⑤ 传：一作“鸣”。

⑥ 宵柝：指夜间巡逻时敲打的梆子声。

⑦ 鸡人报晓筹：汉代制度，宫中不养鸡，而用人传唱报晓。鸡人，宫中掌握时间的卫士。筹，更筹，敲击报时用的竹签，这里代指时间。

扫码收听朗诵音频

5. 兵车行

⊙〔唐〕杜甫

车辚辚[①]，马萧萧[②]，行人弓箭各在腰。耶[③]娘妻子走相送，尘埃不见咸阳桥。牵衣顿足拦道哭，哭声直上干[④]云霄。道旁过者问行人，行人但云点行[⑤]频。或从十五北防河，便至四十西营田[⑥]。去时里正[⑦]与裹头，归来头白还戍边。边庭流血成海水，武皇开边意未已。君不闻汉家山东二百州，千村万落生荆杞[⑧]。纵有健妇把锄犁，禾生陇亩无东西[⑨]。况复秦兵耐苦战，被驱不异犬与鸡。长者虽有问，役夫敢申恨？且如今年冬，未休关西卒。县官急索租，租税从何出？信知生男恶，反是生女好。生女犹得嫁比邻，生男埋没随百草。君不见青海头，古来白骨无人收。新鬼烦冤旧鬼哭，天阴雨湿声啾啾。

---

① 辚辚：车行声。

② 萧萧：马鸣声。

③ 耶：通“爷”，父亲。

④ 干：犯、冲。

⑤ 点行（háng）：按照名册顺序抽丁入伍。

⑥ 营田：古代的屯田制，平时种田，战时作战。

⑦ 里正：里长。唐制，百户为一里，设里长一人，管户口、纳税等事。

⑧ 荆杞：荆棘和枸杞，都是野生灌木。

⑨ 无东西：指庄稼长得杂乱不堪，分辨不出东西行列。

《资治通鉴·唐纪三十二》载：天宝八载（749）六月，陇右节度使哥舒翰击吐蕃，拔石堡，唐兵战死者数万。天宝九载（750）冬，关西游弈使王难得又进兵击吐蕃。师尹指出“讫唐之世，吐蕃为患者，玄宗实开其衅”。此诗当作于天宝九载。当时杜甫在长安，结合耳闻目睹，托“武皇开边”以讽刺玄宗。首写兵士自长安出发、父母妻子送行的悲楚场景，笔势汹涌，如风涛骤至。接着设为问答，极写穷兵黩武给人民带来的苦难。结尾以“君不见”领起，由作者出面，以黩武的悲惨结局警告当政者。全诗具有极大的艺术震撼力。明人单复云：“此诗为明皇用兵吐蕃而作，故托汉武以讽，其辞可哀也。先言人哭，后言鬼哭，中言内郡凋敝，民不聊生，此安史之乱所由起也。”

士元骥足

出自《三国志》。三国时的庞统，字士元，号“凤雏”，与诸葛亮齐名。因其貌不扬，刘备只派他作耒阳县令。庞统赴任后不治理政事，后被免官。与此同时，吴国大将鲁肃给刘备写信，说：“庞士元非百里才也，使处治中、别驾之任，始当展其骥足耳。”意思是庞士元不是治理百里方圆一县的人才，让他担任州一级的官职，才能施展他的才能，纵横驰骋。“骥”指千里马，“骥足”比喻杰出的才能。诸葛亮也向刘备推荐庞统，称赞他有济世之奇才。于是，刘备任命庞统与诸葛亮同为军师。其后，庞统为刘备出谋划策，立下了很多功劳。

【典意】指人有才能，有待施展。

扫码收听朗诵音频

6. 绝　句

⊙〔宋〕志南

古木阴中系短篷①，杖藜②扶我过桥东。

沾衣欲湿杏花雨③，吹面不寒杨柳风④。

春光明媚，诗人的游兴大发，于是驾着小篷船出游，将船停泊在古树下，拄着藜杖漫步桥东。虽是平铺直叙，但“古木阴中”停泊着小船的画面却很雅致古朴，颇如一帧中国古代的文人画。后两句准确精练地表现了春天杏花盛开、小雨纷纷、杨柳飘舞、东风和暖的美丽而宜人的景象，是千古传诵的名句。这首诗情与景汇，物与心谐，诗人抓住春风春雨的特点，略加渲染，便透露出内心的喜悦和对大自然的热爱。

① 短篷：有篷的小船。

② 藜：一年生草本植物，茎坚硬，可做药材。

③ 杏花雨：指杏花开时下的雨。

④ 杨柳风：指柔和的春风。

扫码收听朗诵音频

7. 江城子·乙卯正月二十日夜记梦[①]

⊙〔宋〕苏轼

十年生死两茫茫。不思量，自难忘。千里孤坟，无处话凄凉。[②]纵使相逢应不识，尘满面，鬓如霜。

夜来幽梦忽还乡，小轩窗，正梳妆。相顾无言，惟有泪千行。料得[③]年年肠断处：明月夜，短松冈[④]。

从这首词，我们可以看到苏轼丰富细腻的内心世界和驱笔如神的文字驾驭能力。鲁迅有诗："心事浩茫连广宇，于无声处听惊雷。"我们所能感受到的正是这样的"心事浩茫"和"于无声处"。与苏轼另一些词中描写的从者如云、"酒酣胸胆"的热烈相比，此时的苏轼陷入深沉的思念和巨大的悲痛之中。亡妻入梦，相对垂泪，人世沧桑，悲情奔涌，洒泪成篇。在这首悼亡词里，苏轼将对亡妻的追念、自身不如意的苦处，巧借梦境一气呵成，在现实和回忆之间，只一幅清晰的"小窗剪影"便令读者心动不已。

---

① 这首词是苏轼悼念亡妻王弗之作。乙卯，宋神宗熙宁八年（1075）。

② "千里孤坟"二句：自己与亡妻的坟墓相隔数千里（山东密州与四川眉山），无处诉说许多年来的沧桑坎坷。

③ 料得：猜想。

④ 短松冈：种有小松树的山冈，这里指亡妻的墓地。

扫码收听朗诵音频

8. 鹧鸪天·代人赋

⊙〔宋〕辛弃疾

晚日①寒鸦一片愁，柳塘新绿却温柔。若教眼底无离恨，不信人间有白头。

肠已断，泪难收。相思重上小红楼。情知②已被山遮断，频③倚阑干不自由④。

赏析

这首词约作于作者闲居带湖时，题目中“代人赋”意思是代替一位女子抒写相思离情。首二句以景物领起，即景生情。夕阳西下，寒鸦归窠，引起了女主人公的“一片愁”，“愁”字是全篇的感情线索。“柳塘新绿”，春光荡漾的美景又勾起她心中的一缕温情。愁绪与温情的对举，不仅托出女主人公丰富的感情世界，而且用“以乐景写哀”的手法，以温情反衬离愁。“若教”两句巧用假说，使感情更深沉婉转、萦回绰约。下片用行动描写表现女主人公相思之切、之深、之苦。“重”“频”二字将女主人公的心理生动地刻画了出来。代女子抒情，能将其内心世界刻画得如此细微深婉、深切动人，说明作者深谙婉约词创作之神髓。

① 晚日：夕阳，这里指太阳落山时。

② 情知：明知，深知。

③ 频：频繁、多次。

④ 不自由：“不由自”的倒装，不由自主。

生之大义

有人说，所谓人生，即完终身之夙愿，尽人世之大义。那么，所谓“大义”又是什么？本单元的文章也许会带给你一些启示：它们有的叙述不畏强暴的故事，有的论述人生的理性抉择，有的讲述了革命者的乐观主义精神……你会看到，在国家离乱危亡的时刻，往往是以天下大义为己任的志士仁人舍生忘死，捍卫了国家的尊严，彰显了大义永存的至理。苦难和困厄永远无法遮盖中华民族的智慧与风骨，先贤们也因之成为后辈们的精神引领者，影响着一代又一代的后来人。

阅读本单元文章，要善于汲取思想精华，学会选择和坚守。学习文章中抒发情感的方式，体会不同文体表达效果的不同，并尝试着运用在自己的表达中。

1.《孟子》二章

⊙《孟子》

一

孟子曰："人皆有不忍人之心。先王有不忍人之心，斯有不忍人之政矣。以不忍人之心，行不忍人之政，治天下可运之掌上。所以谓'人皆有不忍人之心'者，今人乍[①]见孺子将入于井，皆有怵惕恻隐之心，非所以内交于孺子之父母也，非所以要[②]誉于乡党朋友也，非恶其声而然也。由是观之，无恻隐之心，非人也；无羞恶之心，非人也；无辞让之心，非人也；无是非之心，非人也。恻隐之心，仁之端[③]也；羞恶之心，义之端也；辞让之心，礼之端也；是非之心，智之端也。人之有是四端也，犹其有四体也。有是四端而自谓不能者，自贼者也。谓其君不能者，贼其君者也。

---

① 乍：突然。

② 要：通"邀"，谋求。

③ 端：开头，开端。

凡有四端于我者，知皆扩而充之矣，若火之始然[①]、泉之始达。苟能充之，足以保四海；苟不充之，不足以事父母。”

——《孟子·公孙丑上》

二

齐人伐燕，胜之。宣王问曰：“或谓寡人勿取，或谓寡人取之。以万乘之国[②]伐万乘之国，五旬而举之，人力不至于此。不取，必有天殃。取之，何如？”

孟子对曰：“取之而燕民悦，则取之。古之人有行之者，武王是也。取之而燕民不悦，则勿取。古之人有行之者，文王是也。以万乘之国伐万乘之国，箪食壶浆[③]以迎王师，岂有他哉？避水火也。如水益深，如火益热，亦运而已矣。”

——《孟子·梁惠王下》

译文

一

孟子说：“每个人都有怜悯体恤别人的心情。先王由于有怜悯体恤别人的心情，所以才有怜悯体恤百姓的政治。用怜悯体恤别人的心情，施行怜悯体恤百姓的政治，治理天下就可以像在手掌心里面运转东西一样容易了。之所以说‘每个人都有怜悯体恤别人的心情’，是因为，如果今天有

① 然：通“燃”，燃烧。

② 万乘（shèng）之国：拥有万辆兵车的国家。

③ 箪食壶浆：用竹筐装着饭，用酒壶盛着酒浆。

人突然看见一个小孩要掉进井里面去了，必然会产生惊惧同情的心理，这不是因为想要去结交这孩子的父母，不是因为想要在乡邻朋友中博取声誉，也不是因为厌恶这孩子的哭叫声才产生这种惊惧同情心理的。由此看来，一个人没有同情心，简直不是人；一个人没有羞耻心，简直不是人；一个人没有谦让心，简直不是人；一个人没有是非心，简直不是人。同情心是仁的开端；羞耻心是义的开端；谦让心是礼的开端；是非心是智的开端。一个人有了这四种开端，就像有了四肢一样。有这四种开端却说自己不行的人，那是自甘堕落的人。认为君主不能治国的人，那是自绝于君主的人。凡是有这四种开端的人，倘若把这些内在的素质扩大充实，就像火刚刚开始燃烧，泉水刚刚开始流淌。如果能够扩充于社会，便足以安定天下；如果不能够扩充它们，恐怕就连赡养父母都成问题了。”

二

齐国人攻打燕国，大获全胜。齐宣王问孟子说：“有人劝我不要占领燕国，有人又劝我占领它。我觉得，以一个拥有万辆兵车的大国去攻打一个同样拥有万辆兵车的大国，只用了五十天就打下来了，光凭人力是做不到的呀。如果我们不占领它，一定会遭到天灾吧。占领它，怎么样？”

孟子回答说：“占领它而使燕国的老百姓高兴，那就占领它。古人有这样做的，周武王便是。占领它而使燕国的老百姓不高兴，那就不要占领它。古人有这样做的，周文王便是。以齐国这样一个拥有万辆兵车的大国去攻打燕国这样一个同样拥有万辆兵车的大国，燕国的老百姓却用饭筐装着饭，用酒壶盛着酒浆来欢迎大王您的军队，难道有什么别的原因吗？不过是想摆脱他们那水深火热的日子罢了。如果您让他们感受到的水更深，火更热，那他们也就会转而去求其他的出路了。”

学习提示

阅读本文，可以学习孟子运用生活中的小事来说理的方法、运用对比说理的方法，以及运用排比和比喻说理的方法。

2. 苏武传（节选）

⊙《汉书》

初，武与李陵俱为侍中。武使匈奴明年，陵降，不敢求武。久之，单于使陵至海上，为武置酒设乐。因谓武曰："单于闻陵与子卿素厚，故使陵来说足下，虚心欲相待。终不得归汉，空自苦亡[①]人之地，信义安所见乎？……且陛下春秋[②]高，法令亡常，大臣亡罪夷灭[③]者数十家，安危不可知，子卿尚复谁为乎[④]？愿听陵计，勿复有云！"

武曰："武父子亡功德，皆为陛下所成就，位列将，爵通侯，兄弟亲近[⑤]，常愿肝脑涂地。今得杀身自效，虽蒙斧钺[⑥]汤镬[⑦]，诚

① 亡：通"无"，没有。

② 春秋：年纪。

③ 夷灭：被杀。

④ 子卿尚复谁为乎：你又替谁（守节）呢？

⑤ 亲近：皇帝的侍从。

⑥ 斧钺：古代兵器，用于斩刑。钺，大斧。

⑦ 汤镬：古代酷刑之一，用滚烫的开水烹煮犯人。汤，开水。镬，原为鼎，后指锅。

甘乐之。臣事君，犹子事父也；子为父死，亡所恨。愿勿复再言！”

陵与武饮数日，复曰：“子卿壹听陵言。”武曰：“自分已死久矣！王必欲降武，请毕今日之驩，效死于前！”陵见其至诚，喟然叹曰：“嗟乎，义士！陵与卫律①之罪，上通于天！”因泣下沾衿②，与武决③去。

…………

武留匈奴凡十九岁，始以强壮出，及还，须发尽白。

译 文

当初，苏武与李陵都为侍中。苏武出使匈奴的第二年，李陵投降匈奴，不敢访求苏武。时间一久，单于派遣李陵去北海，为苏武安排了酒宴和歌舞。李陵趁机对苏武说：“单于听说我与你交情一向深厚，所以派我来劝说你，愿谦诚地对待你。你终究不能回归汉朝了，白白地在荒无人烟的地方受苦，你对汉廷的信义又怎能有所表现呢？……并且皇帝年纪大了，法令随时变更，大臣无罪而全家被杀的有几十家，安危不可预料，你还打算为谁守节呢？希望你听从我的劝告，不要再说什么了！”

苏武说：“我苏武父子无功劳和恩德，都是皇帝栽培提拔起来的，官职升到列将，爵位封为通侯，兄弟三人都是皇帝的亲近之臣，常常想着愿为朝廷牺牲一切。现在得到牺牲自己以效忠国家的机会，即使受到斧钺和汤镬这样的极刑，我也心甘情愿。大臣效忠君王，就像儿子效忠父亲；儿子为父亲而死，没有什么可遗憾的。希望你不要再说了！”

李陵与苏武共饮了几天，又说：“你一定要听从我的话。”苏武说：“我

---

①卫律：人名，与李陵同为投降匈奴的汉将。

②衿：衣襟。

③决：通“诀”，诀别。

料定自己已经是死去的人了！单于一定要逼迫我投降，那么就请结束今天的欢乐，让我死在你的面前！”李陵见苏武对朝廷如此真诚，慨然长叹道：“啊，义士！我李陵与卫律的罪恶，上能达天！”说着眼泪直流，浸湿了衣襟，告别苏武而去。

…………

苏武被扣在匈奴共十九年，当初壮年出使，等到回来，胡须头发全都白了。

学习提示

“苏武留胡节不辱”，苏武作为汉朝使臣，在被匈奴人扣押的十九年间，他始终忠于国家，忠于自己的使命，守节不移，因而名垂千古，其精神气节令后人景仰。

阅读本文，学习借助注释疏通文义，体会史传类文章语言精练、准确、生动的特点。读史使人明智，可以在课余时间读一读史传类的典籍，相信你会有很大收获。

1. 痛哭和珍

⊙石评梅

惨淡庄严的礼堂，供满了鲜花，挂满了素联，这里面也充满了冷森，充满了凄伤，充满了同情，充满了激昂！多少不相识的朋友们都掬着眼泪，来到这里吊你，哭你！看那渗透了鲜血的血衣。

四围都是哀声，似乎有万斤重闸压着不能呼吸，烛光照着你的遗容，使渺小的我不敢抬起头来。和珍！谁都称你作烈士，谁都赞扬你死的光荣，然而我只痛恨，只伤心，这黑暗崎岖的旅途谁来导领？多少伟大的工程凭谁来完成？况且家中尚有未终养的老母，未成年的弱弟，待你孝养，等你培植。

不幸，这些愿望都毁灭在砰然一声的卫士手中！

当偕行社同学公祭你时，她们的哀号，更令我心碎！你怎忍便这样轻易撒手离开了她们，在这虎威抖擞、豺狼得意的时候。一直是同患难，同甘苦，同受惊恐，同遭摧残，同到宗帽胡同，同回石驸马大街。三月十八那天也是同去请愿，同在枪林弹雨中挣扎，同在血泊尸堆上逃命；然而她们都负伤生还，只有你，只有你是惨被屠杀！

她们跟着活泼微笑的你出校，她们迎着血迹模糊的你归来，她们怎能不痛哭战线上倒毙的勇士，她们怎能不痛哭战斗正殷中失去了首领！

和珍！我不愿意你想起我，我只是你万千朋友中一个认识的朋友，然而我永远敬佩你做事的毅力和任劳任怨的精神，尤其是你那微笑中给予我的热力和温情。

现在夜已深了，你的灵前大概也绿灯惨惨，阴气沉沉的静寂无人，这是你的尸骸在女师大最后一夜的停留了，你安静地睡吧！不要再听了她们的哭声而伤心！明天她们送灵到善果寺时，我不去执绋了，我怕那悲凉的军乐，我怕那荒郊外的古刹，我更怕街市上，灰尘中，那些蠕动的东西。他们比什么都蠢，他们比什么都可怜，他们比什么都残忍，他们整个都充满了奴气。当你的棺材，你的血衣，经过他们面前，触入他们眼帘时，他们一面瞧着热闹，一面悄悄地低声咒骂你“活该”！他们说：“本来女学生起什么哄，请什么愿，亡国有什么相干？”

虽然我们不要求人们的同情，不过这些寒心冷骨的话，我终于不敢听，不敢闻。自你死后，自这大屠杀闭幕后，我早已丢失了，吓跑了，自己终于不知道究竟去了哪里。

和珍！你明天出了校门走到石驸马大街时，你记得不要回头。你一直向前去吧，披着你的散发，滴着你的鲜血，忍痛离开这充满残杀、充满恐怖、充满豺狼的人间吧！

沉默是最深的悲哀，此后你便赠给我永久的沉默。

和珍，梦！噩梦！想不到最短时期中，匆匆草草了结了你的一生！然而我们不幸的生存者，连这都不能得到，依然供豺狼虫豸残杀，还不知死在何日？又有谁来痛哭凭吊齿残下的我们？

三月廿五赴和珍追悼会归来之夜中写

（有删改）

牛角挂书

出自《新唐书·李密传》。隋朝的李密在年少时被派到隋炀帝的宫廷里当侍卫。他生性灵活，在值班的时候左顾右盼，被隋炀帝发现了，隋炀帝觉得他天性太活跃，容易惹事，就免了他的差事。李密并不懊丧，回家以后，发愤读书，决定做个有学问的人。有一回，李密骑了一头牛，出门看朋友，在路上，他把《汉书》挂在牛角上，抓紧时间读书。此事被传为佳话。

【典意】比喻读书勤奋。

2. 正义的边界

⊙鲍鹏山

孔子不提倡“以德报怨”，因为这样就等于取消了道德。但他也反对“以怨报怨”，因为这样我们就会堕落得与对方一样。所以，孔子的观点是“以直报怨”——以公正来对待无良之人。

可见，孔子既反对我们对坏人无原则的滥好，也反对我们对坏人无约束的报复。

孔子有一句非常重要的话：“人而不仁，疾之已甚，乱也。”（《论语·泰伯》）对不仁的人，恨得太过分，就是祸乱。我们可以理解为：天下的很多祸乱，是由绝对道德主义者惹出来的。

用不道德的手段去推行道德，就如同抱薪救火；用不道德的手段去惩罚不道德，又如同以暴制暴。

举一个例子，山东省威海市某退休女教师遭遇入室抢劫，她在身中数刀的情况下与抢劫者斗智斗勇，最终，那个19岁的抢劫者精神崩溃、瘫倒在地，而这位退休女教师则拨打了120急救电话，让他得到及时救治。

这是很感人的事件。这位退休女教师在这样一个特殊的时刻，体现了人性的高贵和美好。孔子做了鲁国大司寇，摄行相事，坚决推行“堕三都”，他的学生子路被鲁国执政季桓子任命为家臣，负责具体执行。可以说，“堕三都”的成败，关乎孔子在鲁国的政治生命。但在这样的关键时刻，孔子的另一个学生公伯寮，竟然对季氏说子路的坏话，导致子路丢了职务，对“堕三都”的失败以及孔子最终离鲁出走都负有相当大的责任。

这样一个学生，后人把他称之为“圣门蟊螣”，意思是“孔子门下的害虫”。

当时，鲁国一个叫子服景伯的，对孔子说：“你的这个学生实在太不像话了，如果你允许的话，我有力量杀了他，让他暴尸大街。”

孔子说：“如果我的道能够行得通，那是命；如果我的道行不通，那也是命。公伯寮能把我的命怎么样呢？”

孔子断然拒绝子服景伯的杀人建议。

公伯寮不好。但是，假如我们用杀掉他的方法来对待这样的人，我们就更不好了。用极端的手段来清除异己，还有比这更坏的行为和更坏的人吗？

为什么孔子不赞成人们用极端方式来履行道德？为什么孔子反对用极端的手段来实现正义、维护道德？因为一切极端手段必定隐含着对一种价值的破坏。而且，极端手段所蕴含的破坏性，往往指向更原始、更基本的价值。

正义，是有边界的。

（有删改）

3. 清贫园

⊙洪忠佩

穿过时光的隧道，走进历史的纵深，透过历史的帷幕，《清贫》是方志敏留给历史的光亮。为了纪念为国捐躯的将士，我走进江西省玉山县怀玉山。

怀玉山的早晨是被鸟声叫醒的，天边还依稀挂着星光月影。千米高山上的玉峰盆地，湿润的空气里飘逸着青草与树木混合的香味。薄薄的雾霭中，清贫园圣洁、肃穆，清贫碑侧的方志敏头像雕塑，比史料上的照片更为传神：轮廓线粗犷，充满质感；瘦长的脸庞，浓密的头发，粗浓的眉毛和八字胡，形神兼备，均显力度；若有所思的眼神，目光远大而深邃。我仿佛从他的目光中，读出了一种凛然正气，一种大无畏精神，一种渴望远方的光亮与春天的期许……

如果说雕塑只是一种物质文化现象的凝固，那么，清贫园就是方志敏留给时代留给后人的历史见证。去清贫园前，通过文字与史料，我的身心已受到方志敏事迹的洗礼。隔着历史，在截然不同的两个空间里，我依然能够通过文字和史料还原当时的背景：1935 年的怀玉山，笼罩在一片白色的恐怖之中，密集的枪声覆盖了怀玉山冬日的清冷。率部北上抗日，在皖南被国民党重兵围追堵截的方志敏，离开皖南撤返赣东北途中，被七倍于己的敌军围困怀玉山。一次次的封锁，一次次的搜山，让极少数软弱的灵魂逃离了躯体……在中国革命战争的大难前，方志敏越过了千沟万壑，却被身边的叛徒出卖而被捕——历史让我们记住了陇首这个怀玉山中的村庄，历史让我们记住了 1935 年 1 月 29 日这个特殊的日子。

这是中国革命史上的一个片段，却是方志敏一生留给怀玉山的一个重要篇章。方志敏的被捕、罹难，成了历史的遗憾。

翻开中国革命史，36 岁的方志敏，已任赣东北革命军事委员会主席、赣东北省和闽浙赣省苏维埃政府主席等职。方志敏的廉洁自律，堪称表率，他曾当着向自己要生活费的母亲说：“我当的是穷人的主席，哪来的饷银？”有一次，当他婶婶向他讨盐钱时，他同样答道：“我管的饷银是不少，有几十万几百万，可那是用于革命的，一个钢镚儿也动不得！”正如方志敏说：“清贫，洁白朴素的生活，正是我们革命者能够战胜许多困难的地方！”方志敏在狱中写下的《清贫》，是一个革命者的正气歌——从《清贫》简洁而质朴的文字中，我强烈地感受到了一个共产党人和革命者的情怀。方志敏被俘后，敌人从他身上搜到的只有一块旧怀表和一支旧钢笔……这就是方志敏，一位共产党的高级将领被捕时的全部财产。这怎能不让国民党的官兵沮丧?

方志敏的《清贫》成就了怀玉山，怀玉山从此有了永恒的主题。

从清贫园六级台阶拾级而上，环顾四周，怀玉山山脉植被丰富，宛如连绵层叠的巨玉，温润而充盈。村庄、农舍，安详、宁静。红的山楂，黄的柿子，高高低低地挂在树上，透着秋的讯息。远远近近，秋阳秋风已将枫叶依次点燃。在我的心中，怀玉山是方志敏用生命成就的山，清贫园是方志敏爱国、创造、清贫、奉献精神根植在人们心灵深处的风景。

一字之师

出自《唐诗纪事》。唐代僧人齐己，有一次带着自己的诗稿前去拜会郑谷。郑谷读到《早梅》“前村深雪里，昨夜数枝开”的句子时，不由得沉思起来。他对齐己说：“梅开数枝，就不算早了。不如把‘数’字改为‘一’字贴切。”齐己听了，惊喜地叫道：“改得太好了！”说完恭恭敬敬地向郑谷拜了一拜。从此，文人们就把郑谷称为齐己的“一字之师”。

【典意】指能纠正一个错别字或某一字在文句中不妥当的老师。

单元学习任务

任务一

1926 年 3 月 18 日，北京工人、学生、市民 5000 余人在天安门前举行“反对八国最后通牒国民大会”。会后，群众结队前往段祺瑞执政府请愿，要求段政府立即驳复八国通牒。当队伍来到铁狮子胡同段祺瑞执政府门前时，预伏的军警竟开枪射击，打死打伤 200 余人，制造了震惊中外的“三一八”惨案。刘和珍就是当时的死难者之一。在那个积贫积弱的年代，家国天下如此鲜明紧密地联系在一起。请你结合《痛哭和珍》的写作背景与文章内容，说说文中刘和珍的行为可以用下列哪个词来概括，再结合单元导语说说你理解的“义”指什么。

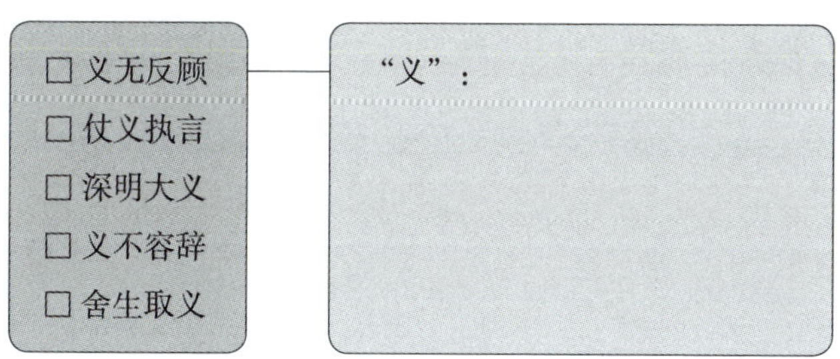

任务二

在我们的学习生活中，有条有理、有理有据地表达是很重要的一项能力。看看下面的思路图，请你跟着提示填写内容，学着条分缕析地说理。

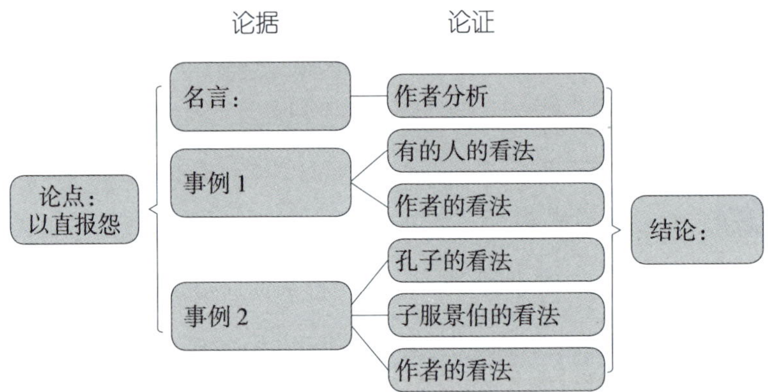

任务三

《清贫园》是一篇纪念方志敏烈士的文章，在当今时代有极为重要的教育意义——促使我们思考生命的价值与追求。文章主体部分引用了较大篇幅的史料表现方志敏烈士高尚的人格和坚定的理想信念。请仔细阅读这篇文章，完成下面的思路图，再结合前面两篇文章的内容，说一说你对“生之大义”的理解，以条目罗列的方式来整理自己的表达思路。

勇者无畏

子曰："知者不惑，仁者不忧，勇者不惧。"勇者不惧，是因为内心有所依托。当一个人的内心怀有坚定的信仰和道义的时候，他便会冷静地迎接人生中的喜乐和成就，也能坦然地面对所遭遇的困顿与考验。有人不顾性命，周旋于强权君王之间；有人不顾生计，直面侵略者的淫威。"富贵不能淫，贫贱不能移，威武不能屈。"他们的可敬之处都在于保守本心，战胜自我，去维护公理与正义，坚守信仰与忠诚。

学习本单元这些经典作品，要领悟作者的思想感情，并能够运用历史的眼光审视作品的现实意义。

自由阅读

1. 公孙弘不辱使命

⊙《战国策》

孟尝君为从[①]。公孙弘谓孟尝君曰："君何不使人先观秦王？意者[②]秦王帝王之主也，君恐不得为臣，奚暇从以难[③]之？意者秦王不肖之主也，君从以难之，未晚。"孟尝君曰："善，愿因请公往矣。"

公孙弘敬诺，以车十乘之[④]秦。昭王闻之，而欲媿[⑤]之以辞。公孙弘见，昭王曰："薛公之地，大小几何？"公孙弘对曰："百里。"昭王笑而曰："寡人地数千里，犹未敢以有难也。今孟尝君之地方百里，而因欲难寡人，犹可乎？"公孙弘对曰："孟尝君好人，

---

① 从（zòng）：通"纵"，指合纵。战国时六国联合抗秦称为合纵。

② 意者：表示猜测，如果。

③ 难：为难，对抗。

④ 之：去，到，往。

⑤ 媿：通"愧"，使羞愧。

大王不好人。”昭王曰：“孟尝君之好人也，奚如？”公孙弘曰：“义不臣[1]乎天子，不友乎诸侯，得志不惭为人主，不得志不肯为人臣，如此者三人；而治可为管、商[2]之师，说义听行，能致其主霸王，如此者五人；万乘之严主也，辱其使者，退而自刎，必以其血洿[3]其衣，如臣者十人。”

昭王笑而谢之，曰：“客胡为若此？寡人直与客论耳！寡人善孟尝君，欲客之必谕寡人之志也！”公孙弘曰：“敬诺。”

公孙弘可谓不侵矣。昭王，大国也；孟尝，千乘也。立千乘之义而不可陵[4]，可谓足使[5]矣！

译文

孟尝君想要施行合纵政策。公孙弘对孟尝君说：“您何不先派人观察一下秦昭王是一个什么样的君王？如果秦王是帝王一样的君主，您将来恐怕不能做他的臣下，哪有闲暇施行合纵来与他对抗？如果秦王是个没有才干的君主，那时您再施行合纵与他对抗，也不算晚。”孟尝君说：“好，希望您趁机前往观察一下吧。”

公孙弘答应后，率领十辆兵车到了秦国。秦昭王听到这个消息，想要用言辞羞辱他。公孙弘拜见秦昭王，昭王问：“薛公的封地有多大？”公孙弘回答说：“一百里。”昭王笑着说：“我的土地有数千里，还不敢跟

---

① 臣：名词活用作动词，称臣。

② 管、商：管仲、商鞅。

③ 洿（wū）：通“污”。

④ 陵：通“凌”，欺侮。

⑤ 足使：完全可以做使者。

别人为敌。如今孟尝君的封地方圆百里，而还想要与我为敌，这可行吗？”公孙弘回答说：“孟尝君尊重贤人，大王不尊重贤人。”昭王说：“孟尝君喜欢贤人，像什么样子？”公孙弘说：“他坚持正义，不向所谓的天子臣服，不在诸侯面前讨好，得志的时候不愧为民众之主，不得志的时候不肯做别人的臣仆，像这样做事的只有三个人；治理国家可以做管仲、商鞅的老师，说正义之理，从正义之行，能够使他的君主成就霸王之业，像这样的有五个人；拥有万辆兵车的威严君主，如果侮辱使者，使者将退下一步自杀，一定用他的血污染这位君主的衣服，像我这样的有十个人。”

昭王笑着向公孙弘道歉，说："您何必如此？我只是跟您谈论问题罢了！我对孟尝君很友好，希望贵客一定把我的心意转告孟尝君！”公孙弘说：“遵命。”

公孙弘可以称得上是不辱使命了。秦昭王，是大国的君主；孟尝君，是千乘的公卿。公孙弘树立起千乘公卿的正义，不受侵犯和侮辱，可以说是完全能够做使者的人了。

2. 苏秦说齐

⊙《战国策》

燕文公时，秦惠王以其女为燕太子妇。文公卒，易王立。齐宣王因燕丧攻之，取十城。武安君苏秦为燕说齐王，再拜而贺，因仰而吊。齐王按戈而却曰："此一何庆吊相随之速也？"

对曰："人之饥所以不食乌喙者，以为虽偷充腹而与死同患也。今燕虽弱小，强秦之少婿也。王利其十城而深与强秦为仇。今使弱燕为雁行，而强秦制其后，以招天下之精兵，此食乌喙之类也。"

齐王曰："然则奈何？"对曰："圣人之制事也，转祸而为福，因败而为功。故桓公负妇人而名益尊，韩献开罪而交愈固，此皆转祸而为福、因败而为功者也。王能听臣，莫如归燕之十城，卑辞以谢秦。秦知王以己之故归燕城也，秦必德[1]王；燕无故而得十城，燕亦德王。是弃强仇而立厚交也。且夫燕、秦之俱事齐，则大王号令天下皆从。是王以虚辞附秦，而以十城取天下也。此

① 德：感激。

霸王之业矣，所谓转祸为福，因败成功者也。”

齐王大说，乃归燕城，以金千斤谢其后，顿首涂中，愿为兄弟而请罪于秦。

译文

燕文公时，秦惠王把他的女儿嫁给燕国的太子做妻子。燕文公去世后，易王继位。齐宣王趁着燕国大丧进攻燕国，夺取了燕国十座城邑。武安君苏秦为燕国的利益去游说齐宣王。苏秦见了齐宣王，先拜了两拜表示祝贺，接着就仰起头来念悼词。齐宣王手按铁戈向后退了几步，问道：“你为什么在祝贺之后紧接着就念悼词？”

苏秦答道：“人饿的时候之所以不吃乌头，是认为即使能填满肚子，可是不久就会死去。现在燕国虽然比较弱小，但也是强秦的翁婿之邦。大王贪图十个城邑的便宜，却和强大的秦国结下了深仇。现在如果让弱小的燕国做先锋，而强大的秦国做后盾，从而用天下的精兵攻击您，这与吃乌头充饥一样危险。”

齐宣王说：“既然如此，该如何办呢？”苏秦回答说：“圣人做事，能够转祸为福，因败取胜。因此尽管齐桓公受女色的牵连，自己的名声却更加尊贵；韩献子虽因杀人获罪，但自己的地位却越发稳固：这些都是转祸为福、因败建功的例子。大王若能听从我的意见，不如归还燕国的十座城邑，并用谦恭的言辞向秦国道歉。当秦王知道大王是因为他的缘故而归还了燕国的十座城邑，一定感激大王；燕国平白无故收回十座城邑，也会感激大王。如此，大王不就避开了强敌，反而和他们建立了深厚的友谊吗？再说燕、秦都跟齐国建立了友好邦交，那么大王发号施令，天下诸侯又有谁不会听从呢？大王只用话语表示亲近秦国，又以十座城邑取得天下的支持。这可是霸主的事业，也是所谓转祸为福，因败建功的好办法。”

齐宣王听后非常高兴，于是把燕国的十城送回，随后又送千金表示歉意，一路上表现得非常谦卑，恳请秦国赦罪并希望结为兄弟之邦。

3. 威武不能屈

——梅兰芳先生逝世周年纪念

⊙丰子恺

日月忽其不淹兮，春与秋其代序。

惟草木之零落兮，恐美人之迟暮。

——《离骚》

日月不居，回忆去秋在兰心吊梅，匆匆又是一年。而斯人音容，犹宛在目前。春秋代序，草木可以零落，而此“美人”永远不会迟暮。只因此君不仅是个才貌双全的艺人，又是个威武不能屈的英雄。他的名字长留青史，永铭人心。

我是抗战胜利后才认识梅先生的。最初在上海思南路梅寓，后来在北京怀仁堂，最后在兰心大戏院灵堂瞻仰遗容。每次看到他，我总首先想起他嘴上的胡须。我觉得这不是胡须，这是英雄的侠骨。他身上兼备儿女柔情与英雄侠骨！

设想日寇侵占上海之时，野心勃勃，气势汹汹，有鲸吞亚东大陆之概。我中国人民似乎永无翻身之一日了。于是“士夫”

之中，倒戈者有之，媚敌者有之，所欲无甚于生者，不知凡几。梅先生在当时一“优伶”耳，为“士夫”所不齿，独能毅然决然，蓄须抗战，此心可与日月争光！此人真乃爱国英雄！

梅先生以唱戏为职业，靠青衣生活。那么蓄须便是自己摔破饭碗，不顾生活。为什么如此呢？为了爱国。茫茫青史，为了爱国而摔破饭碗，不顾生活者，有几人欤？假定当时有个未卜先知的仙人，预先通知梅先生：1945 年 8 月 10 日[①]日寇一定屈膝投降，于是梅先生蓄须抗战，忍受暂时困苦，以博爱国荣名。那么，我今天也不写这篇文章了。然而当时并无仙人通知，而中原寇焰冲天，回忆当日之域中，竟是倭家之天下，我中华儿女似乎永无重见天日之一日了。但梅先生不为所屈，竟把私人利害置之度外，将国家兴亡负之仔肩。试问：非有威武不能屈之大无畏精神，曷克臻此？

抗战胜利酬偿了梅先生的大志；人民解放彰明了梅先生的光荣。今后正期自由发挥其才艺，为人民服务，为祖国增光；岂料天不假年，病魔忌才，竟于去年秋风秋雨之时，与世长辞，使艺术界缺少了一位大师，祖国丧失了一个瑰宝，可胜悼哉！然而“英雄自古谁无死，留取丹心照汗青”，梅先生的威武不能屈的英雄精神，长留青史，永铭人心。春秋代序，草木可以零落，但此“美人”永远不会迟暮。梅兰芳不朽！

壬寅（1962）年乞巧作于上海

---

① 日本宣布无条件投降的时间是 1945 年 8 月 15 日。此处与历史时间略有出入。

勤学励志

“宝剑锋从磨砺出，梅花香自苦寒来。”自古以来，勤奋都是成功的关键因素之一。天资的充分发挥和个人的勤学苦练是成正比的。本单元文章有的勉励年轻人增长阅历；有的劝诫子侄辈严谨修身；有的劝勉别人勤于学习。艰难困苦，玉汝于成，忍受外在条件的艰辛固然不易，但内在的丰盈与收获却能带来持久的动力，使我们得以立人、立志、立世。

阅读本单元文章，关注文中叙述与论证之间的关系，体会在艰苦的学习历程中获得的愉悦与成长，结合自身经历理解作者表达的情感，丰富自己的体验。

1. 送天台陈庭学序

⊙〔明〕宋濂

西南山水，惟川蜀最奇。然去中州万里，陆有剑阁栈道之险，水有瞿塘滟滪之虞。跨马行，则竹间山高者，累旬日[①]不见其巅际[②]。临上而俯视，绝壑万仞，杳[③]莫测其所穷，肝胆为之掉栗[④]。水行，则江石悍利，波恶涡诡[⑤]，舟一失势尺寸，辄糜碎[⑥]土沉[⑦]，下饱鱼鳖。其难至如此！故非仕有力者，不可以游；非材有文者，

---

① 旬日：十日。

② 巅际：山顶。

③ 杳：幽深。

④ 掉栗：因恐惧而心惊胆战。

⑤ 诡：奇异多变。

⑥ 糜碎：粉碎。

⑦ 沉：像……沉下去。

纵[①]游无所得；非壮强者，多老死于其地。嗜奇[②]之士恨[③]焉。

天台陈君庭学，能为诗。由中书左司掾[④]，屡从大将北征，有劳，擢[⑤]四川都指挥司照磨，由水道至成都。成都，川蜀之要地，扬子云、司马相如、诸葛武侯之所居，英雄俊杰战攻驻守之迹，诗人文士游眺[⑥]饮射、赋咏歌呼之所，庭学无不历[⑦]览。既览必发为诗，以纪其景物时世之变，于是其诗益工[⑧]。越三年，以例自免归，会予于京师。其气愈充，其语愈壮，其志意愈高，盖得于山水之助者侈[⑨]矣。

予甚自愧，方予少时，尝有志于出游天下，顾[⑩]以学未成而不暇。及年壮可出，而四方兵起，无所投足。逮[⑪]今圣主兴而宇

---

① 纵：即使。

② 奇：特异，罕见。

③ 恨：遗憾。

④ 掾（yuàn）：古代官府中属官的通称。

⑤ 擢（zhuó）：选拔，提拔。

⑥ 眺：远望。

⑦ 历：尽，遍。

⑧ 工：工巧，精巧。

⑨ 侈：大，多。

⑩ 顾：只是，不过。表轻微转折。

⑪ 逮：等到。

内定，极海之际，合为一家，而予齿[1]益加耄[2]矣。欲如庭学之游，尚可得乎？

然吾闻古之贤士，若颜回、原宪，皆坐守陋室，蓬蒿没户，而志意常充然，有若囊括于天地者，此其故何也？得无[3]有出于山水之外者乎？庭学其试归而求焉，苟有所得，则以告予，予将不一愧而已也。

译文

西南地区的山水，唯独四川境内最为奇特。可那里与中原一带相距万里之遥，陆路上有剑阁、栈道之类的险阻，水路上有瞿塘峡、滟滪滩之类的危险。骑着马走，茂密的竹林遮蔽了高山，连续走十几天，也看不到山顶。登上高处往下俯视，陡峭的山谷有几万尺深，茫茫渺渺看不到谷底，令人惊恐万状，胆战心惊。乘船在水中行，江中的礁石尖利，波涛险恶，漩涡变幻莫测，船只稍微偏离航道，就会被撞得粉碎，像泥土般下沉，船中人便成了江中鱼鳖的食物。通往四川的道路是如此艰难啊！因此，不是做官而又富有财力的人不能前往游历；不是饱学之士，即使去游览了，也不会有什么收获；不是身强体壮的人，大多会老死在那里。所以，那些喜欢寻奇探胜的人只能心存遗憾。

天台人士陈庭学君，擅长作诗。他以中书左司掾的身份，屡次随从大将北征，颇有功劳，升任四川都指挥司照磨，从水路到了成都。成都是四川的要地，是扬雄、司马相如、诸葛亮曾住过的地方，凡是英雄俊杰争战攻取、驻扎戍守的遗迹，诗人文士登临远望、饮酒射覆、赋诗吟咏的处所，庭学没有不去游历观览的。游览之后，他一定会写诗抒发感受，来记写景物、

① 齿：指人的岁数，年龄。

② 耄：年老。

③ 得无：莫非。

时世的变迁，于是他的诗歌愈加精巧。过了三年，庭学依照惯例辞官归家，在京城和我相聚。他的精神更加充沛饱满，言谈越发豪壮，志趣更加高远，这大概是得益于川蜀山水吧。

我很惭愧，当我年轻的时候，曾经有游历天下的志愿，只是学业未成，没有空闲的时间。到了壮年可以出游时，四方战乱，没有可以落脚的地方。及至当今圣明天子兴起，天下安定，四海一家，而我却年老力衰。想要再像庭学君那样去游历，还能够实现吗?

不过，我听说古代的贤士，如孔子的弟子颜回、原宪，大都甘居陋室，杂草遮没了门户，但他们的志向和意趣却始终是很充沛的，好像他们的胸中足以包容天地万物，这是什么原因呢? 莫非有超出山水之外的东西吗? 希望庭学君归去之后，尝试探求一番，如果有什么收获，请告诉我，那么我将不只是惭愧了。

学习提示

宋濂，明初文学家，朱元璋称他为“开国文臣之首”。他好奖掖后进，对后进士子多有赠序加以勉励。其所作赠序，常以自身经历感受出发，娓娓道来，浅近生动，如话家常，以勉励士子立志当高远，学业骛精进。本文即是宋濂写给陈庭学的一篇赠序，意在说明陈庭学官游四川以后，“其诗益工”“其气愈充，其语愈壮，其志意愈高”，乃是得益于奇山异水的熏陶，同时勉励陈庭学进一步提高个人修养。

阅读本文，品味其措辞、语气的特点，想一想，对你的表达有怎样的启发?

2. 马援诫兄子严敦书

⊙〔南朝宋〕范晔

援兄子严、敦并喜讥议[①]，而通轻侠客。援前在交趾[②]，还书诫之曰：

“吾欲汝曹[③]闻人过失如闻父母之名，耳可得闻，口不可得言也。好议论人长短，妄是非[④]正法[⑤]，此吾所大恶[⑥]也，宁死不愿闻子孙有此行也。汝曹知吾恶之甚矣，所以复言者，施衿结缡[⑦]，申父母之戒，欲使汝曹不忘之耳。

① 讥议：讥讽，议论。

② 交趾：郡名。治所在今越南北部。

③ 汝曹：你等，尔辈。

④ 是非：评论，褒贬。

⑤ 正法：国家的法制。

⑥ 大恶：深恶痛绝。

⑦ 施衿（jīn）结缡（lí）：古时礼俗，女儿出嫁时，父母要给她系上佩带和佩巾。衿，佩带。缡，佩巾。

“龙伯高[1]敦厚周慎[2]，口无择言[3]，谦约节俭，廉公有威，吾爱之重之，愿汝曹效之。杜季良[4]豪侠好义，忧人之忧，乐人之乐，清浊无所失[5]，父丧致客，数郡毕至[6]。吾爱之重之，不愿汝曹效也。效伯高不得，犹为谨敕[7]之士，所谓刻鹄不成尚类鹜[8]者也。效季良不得，陷为天下轻薄子，所谓画虎不成反类狗[9]者也。讫今季良尚未可知，郡将下车[10]辄切齿[11]，州郡以为言，吾常为寒心，是以不愿子孙效也。”

译文

马援的侄子马严和马敦，喜欢讥讽和议论别人的事，而且喜欢结交行为浮夸的侠士。马援以前在交趾时，写信回去告诫他们说：

“我希望你们听到别人的过失，就像听到自己父母的名字一样，耳朵

① 龙伯高：龙述，字伯高。原为山都长，光武帝看到马援此信，提拔他为零陵郡太守。

② 周慎：周密，谨慎。

③ 口无择言：讲话无须选择言辞，意为所言皆善。

④ 杜季良：名保，东汉京兆人，官至越骑司马。

⑤ 清浊无所失：与人交往，不分善恶，都不疏远。

⑥ 数郡毕至：数郡的客人都来了。

⑦ 谨敕：恭谨整饬。

⑧ 刻鹄不成尚类鹜：比喻虽仿效不及，尚不失其大概。鹄，天鹅。鹜，鸭子。

⑨ 画虎不成反类狗：比喻弄巧成拙。

⑩ 下车：指官员初到任。

⑪ 切齿：表示痛恨。

可以听，但口中不可以说。喜欢议论别人的长处和短处，随意评论国家的法制，这些都是我深恶痛绝的，我宁可死，也不愿意听到自己的子孙有这种行为。你们应该知道我非常厌恶这种行为，所以又向你们提起，就像女儿在出嫁时父母给她系上佩带和佩巾，并一再告诫她一样，我希望你们不要忘记啊！

“龙伯高为人敦厚，办事周密谨慎，口无恶言，谦逊平易，生活节俭，清廉公正，很有威望。我爱护他，敬重他，希望你们向他学习。杜季良为人豪放，很讲义气，为别人的忧愁而忧愁，为别人的快乐而快乐，人无论贵贱贤愚，他都和他们结交。他的父亲去世时，邀请宾客，数郡的客人都来了。我也爱护他，敬重他，但不希望你们向他学习。（因为）学习龙伯高不成功，还可以成为谨慎谦虚的人，正所谓雕刻天鹅不成还可以像一只鸭子。一旦你们学习杜季良不成功，那就成了轻浮的纨绔子弟，正所谓画虎不成反像狗了。到现在杜季良以后究竟会怎样还不知晓，新来的郡守到任就咬牙切齿地恨他，州郡的官员把这情况告诉我，我时常替他寒心，因此我不希望我的子孙学习他。”

学习提示

南朝宋史学家范晔曾说：“明德既升，家祚以兴。”家庭是人成长的第一环境，长辈对晚辈的影响和教导至为重要。马援的侄子马严、马敦平时喜讥评时政、结交侠客，很令他担忧，他虽远在交趾军中，还是写了这封情真意切的信，言辞之中饱含长辈对晚辈的谆谆教诲和殷殷期待。

阅读本文，学习作者联系实际、举例对比说理的方法，并学习观察和判断周围的人与事，择善而从。同样是长辈对晚辈的教导，本文与前文有何不同？试着列出几条。

1. 飞鸿踏雪读书去

⊙吕高排

实际上，那天是去未名湖游玩的，走着走着，便去了一个地方。就像漫步在春风里，一阵花香迎面飘来，人顿时神清目爽。

那是北大的图书馆。从一层到五层，脚步已经挪不动了，眼睛仍然舍不得眨一下。一本本好书看过来，我的眼里只有陌生。与浩如烟海的图书馆比起来，自己就像一个气球，外表看着光鲜、饱满、透亮，腹中却空空如也。没有书的陪伴，这以后的路可怎么走呢?

人回来了，心却留在了那里，被琳琅满目的书包围着，无论怎么努力，再也回不到从前。

第二个周末，身不由己，又到那里去。

念头越来越执拗，想法越来越坚定——读书，离开喧嚣的世界，找一个清静的地方，安静地读书。

突然又觉得可笑。年近不惑，家事国事天下事，事事关心。正愁分身乏术，哪里还有闲心读书!

罢了，罢了。

念头强压下去。心却转不过弯来，悄悄地、固执地朝一个地方走去。

周末，大学校园里报考研究生的队伍像巨龙一样长，从教学大楼一直排到校园门口，等了整整一天，报名结束，悻悻而归。第二天一大早就走，终于如愿以偿。后来才知道，报考艺术硕士的人数有八千之众，而真正录取的名额不足一千。心里忐忑不安，猜不出自己属于那幸运的八分之一还是令人沮丧的八分之七。

捧着像砖头一样的教材，我的大脑转不过弯来。艺术硕士是一门新兴的学科，在国外颇为热门，在中国却才试行三年，需要通过全国联考的不仅有英语，还有音乐、美术、电影、电视、戏剧、戏曲、舞蹈和现代设计八个板块，不要说对这些艺术的深刻理解，就连繁杂的基础知识，我能说出的也不多。

教材厚厚的、沉甸甸的，把它放到杂乱的案头，劝自己说：那个地方很重要，那个地方是你的所爱，可那个地方离你太遥远，你没有办法实现。算了吧。

夜深人静，又拿出了“砖头”，一页页地翻阅，我的内心忽然变得柔软，如新鲜的土壤，眼睛里突然噙满莫名而感动的泪水。从奥地利作曲家莫扎特的《费加罗的婚礼》到阿炳的二胡独奏曲《二泉映月》；从美国剧作家尤金·奥尼尔的《天边外》到中国剧作家曹禺的《雷雨》；从周代的傩舞傩戏到“四大名旦”的优美唱段；从洛可可时代豪华纤细的国王、贵族肖像画，到现代齐白石韵味十足的《蛙声十里出山泉》；从 1895 年法国人路易·卢米埃尔兄弟拍摄的第一部影片《工厂的大门》，到上海 1905 年诞生的《定军山》；从电视艺术的蒙太奇运用到广播艺术的声音技巧；从美国著名现代舞蹈家玛莎·格雷厄姆《黑夜的旅程》，到中国第一只“白天鹅”白淑湘；从六千年前我们祖先创造的精美彩陶作品，到现代设计发源地德国包豪斯学校……渐渐地，我走进了一个崭新的世界，这个世界像磁石一样吸引着我，像谜一样诱惑着我，像文学一样感动着我。

我终于下定决心：血液里缺少的那一种元素，要不惜代价地吸收回来！我深信，这个世界不管如何发展，也不管如何变化，总有一些东西是亘古不变的，真、善、美，正是永远温暖内心的元素。为了这些美好的事物永不泯灭，我需要竭尽全力。

血液就这样开始沸腾。工作之余，我决定参加培训班。七月的天，没有空调的教室，拥挤而窄小的座位，满堂灌的教学内容……汗水和着泪水，感动掺杂着激动，疲惫里还有一丝丝的兴奋。整个夏天，我津津有味地体味已经很遥远的学生生活。时间从此加快了步伐，每个星期工作五天，上培训课两天，晚上所有时间都是自学。艰苦而枯燥的学习之后，工作反倒成为一种轻松美好的享受。

看身边同学，一张张年轻的脸，心无旁骛。我端坐其中，感觉格格不入。

看身边同事，一张张幸福的脸，享受着工作的乐趣、生活的浪漫。我真想“采菊东篱下，悠然见南山”，可那些好书时不时在眼前晃动着，它们挥着翅膀，翩翩起舞，去了又来。苏轼在《和子由渑池怀旧》中说：“人生到处知何似？应似飞鸿踏雪泥。泥上偶然留指爪，鸿飞那复计东西？老僧已死成新塔，坏壁无由见旧题。往日崎岖还记否？路长人困蹇驴嘶。”是啊，人生就是一个克服艰难困苦的历程，既要像飞鸿那样不计较地留下很快就会消失的“雪泥鸿爪”，又要记住克服困难的经历，奋然前行。

考研的日子一天天逼近，熄灯的时间一天天推迟。那些知识打着旋儿，在大脑中拧成绳、结成团。模糊、清晰、模糊、清晰，以至于自己都不知道究竟汲取了多少，收获了多少。

通过全国联考的喜悦还挂在脸上，学院复试的通知已摆在案头，笑靥凝固成紧张的表情：新的知识，新的内容，学习，再次开始新的历程。

闯过一个个关口，终于挤上一条日趋狭窄的路。火辣辣的夏天，我接到了一个漂亮的信封——来自艺术院校的邀约。我迫不及待地打开，猩红色的录取通知书像两扇大门，豁然洞开。我似乎看到了无数的好书，看到了文学的殿堂，我的心也跟着火热起来。

那一天，我背着书包，走进久违的校园，我的眼前再一次出现挥舞翅膀的书，我跳跃着，欢欣着，与它们追逐嬉戏。我知道，我追寻的那一切，不仅仅是一个安静的读书场所，而是一种精神，一种信念，一个梦想，一个夙愿。

2. 想起那年读书时

⊙谷 煜

真的，读书，是件特别好玩的事情。

十来岁，三年级，天不怕地不怕的感觉，不管生疏，常常和同学去串门。到了别人家里，是安静的，不声不响，微笑，直盯着土屋墙壁上的黑白报纸。那些报纸，是从一些富裕人家那里弄来的，贴在墙上，使土屋美观一点，不至于到处露着暗灰的墙皮。有字，可读，真好。

看着看着，身子会趴下，因为靠底下的一些字实在是看不清了。而下面的报纸，往往更旧一些，泛着黄色，伴随着一丝丝潮潮的味道。而于我，是温润，是隆重，闪着华丽的光，仿佛是琥珀。

慢慢读完一面墙，真畅快呀！

当时，除了课本之外，再也找不到书可读，偶然在同学家发现这样的“报纸墙”，自是欣喜若狂，也就有了这“串门”的雅好。

慢慢地，很多人知道我喜欢“读字”，便有人告诉我，谁谁那里有小人书，可以借着看看的。听了那些陌生的名字，怵头，哪里认识人家呀？怎么办？便央求妈妈去借，大人总会和人家说上话的吧？

那时候的小人书，人人当宝贝的，自是不会轻易借出。我便苦口婆心地求人家，一遍遍保证，不会弄丢的，不会弄脏的，不会弄折的，一定按时还……终于，在人家一遍遍的叮嘱里，在犹豫的眼光里，拿到了小人书。

抱着书，飞奔回家，小心翼翼地放在床头一角，赶紧吃饭写作业，然后，扎在灯下，一声不吭，一页页，仔仔细细看过去。

夜，深了，抚摸着小人书，恋恋不舍地睡去，天亮，它就该物归原主了。

还有让人欢喜的，是过年放鞭炮，很多鞭炮是用废弃的书本卷成的，鞭炮在炸开的刹那，很多带着字的碎片，仿佛一个个精灵，舞蹈着，纷纷而来。我笑着跑着去迎接着那些碎片，在碎片里，看到一个个的“断句”，或者几个词语，那种此起彼伏的文字阅读，仿佛海边的波浪，一波波地涌动而来，真好。

当然，也会有大的收获，就是包鞭炮的纸张是大一些的（有时放学路上也会捡到一张大大的报纸，然后一路开心），捡来，展开，抚平，偶尔会读到一段故事，也许没有开头，也许没有结尾，但有一些词：万水千山，碧波荡漾，寂静芬芳，花来衫里，影落池中……它们，总像是春天拂过的风，暖暖的，通身清透。

拥有淋漓畅快的读书机会，是因为村里一户人家，做起了废品收购的买卖。他家的院子里，堆满了瓶瓶罐罐、纸箱书本。没有任何人邀请，我就成了人家的“座上客”，只要一有空闲，就跑到人家的院子里，那个小小的院落，被我一寸寸地丈量过了。也是在那个时候，我看到了一本本完整的杂志，一本本很旧很破，几乎还是繁体字的《西游记》《反唐演义》……一路读起来，磕磕绊绊的，但总算能读过去。

坐在小小的院子里，有书天地，满心欢喜。

看不完的时候，要拿回家看，人家说不行。谁会无缘无故地相信一个不认识的小姑娘呢?

怎么办？悄悄拿回家，连夜看，赶紧看。第二天去的时候，再悄悄把书放下，生怕人家发现找到家里来，那样，肯定会挨一顿暴揍的。也会有晚放的时候，是因为看到了喜欢的地方，要抄下来，就会晚一些送过去。还好，一直没被发现。

慢慢地，条件好了，来到乡里读书，可读的书多了起来。但是，却因为爱熬夜，受到了妈妈的限制。为了防止妈妈批评我，我钻在被窝里打着手电筒看，电池没得太快，也不是长久之策，就和妈妈打游击战。

那时候，没有雾霾，夜晚总是清亮亮的，我就盼着每个月的十五、十六，在月光下看，但眼睛看得疼啊，试了几次之后，也就放弃了。

月光下，窗台边，一股清凉，几声蟋蟀鸣叫的浪漫场景，却是在少年的记忆里，飘飘欲仙。

后来啊，读书的种类、读书的场地等慢慢丰富起来，读书的每一个刹那，都仿佛是时光滋养的花枝，慢慢开出耀眼的花来。

多年以后，到底还是因为这书，生出了一些灵性，鲜亮了人生。

蓦然回首，一路走来的读书时光，在和风丽日里，散发着温暖、生动、可爱、亲切。一纸一片，在呼啦啦的青春里，依然于素色中呈现着夺目的光芒，素手拈花，好似故人来。这好玩的读书往事，想想就笑意盎然，关乎经脉，关乎底气，怎不值得终生记忆？

闻鸡起舞

晋代的祖逖是个胸怀坦荡、具有远大抱负的人。他和幼时的好友刘琨感情深厚，不仅同床而卧，而且都有着共同的远大理想：建功立业，复兴晋国，成为国家的栋梁之材。一天夜里，祖逖在睡梦中听到公鸡的鸣叫声，他一脚把刘琨踢醒，对他说："别人都认为半夜听见鸡叫不吉利，我偏不这样想，咱们干脆以后听见鸡叫就起床练剑如何？"刘琨欣然同意，于是他们每天鸡叫后就起床练剑。经过长期的刻苦学习和训练，他们终于成为能文能武的全才，既能写得一手好文章，又能带兵打仗。后来祖逖被封为豫州刺史，实现了他报效国家的愿望；刘琨后任大将军，都督并州的军事，也充分发挥了他的文才武略。

3. 我的启蒙阅读

⊙徐名印

我的启蒙阅读是从什么时候开始的，已记不清了。

现在想想，在我小的时候没有读过什么东西，在那个时候也确实没有什么东西可读，能记得的是母亲给我讲的一个又一个的乡村故事，以及夏夜纳凉时大人们拉的一个又一个的呱儿（“拉呱儿”指闲谈）。

母亲给我讲的故事，记得比较清楚的有这么几个：

第一个是好儿不用多，一个顶十个的故事。我们村的南边有一个村子叫杨家湖村，是母亲的娘家村，村中有一个大孝子，叫杨恒鲁，他娘只养了他一个儿子。结婚前，他每次出门都要说一声“娘，我干什么什么去了”；每次回家后第一件事，是告诉娘“我回来了”。结婚后，每天早上都要拍拍娘的门，问娘起床了没有，娘答应了，他才离开；晚上睡觉前要敲敲娘的门，问娘睡了没有，娘答应后，他才安心地回家；隔一段时间给娘梳头、洗脚。全村的人都夸：好儿不用多，一个顶十个。最近我把《弟子规》又读了一遍，其中的“晨则省，昏则定”“出必告，反必面”，说的也就是这个事儿。

第二个是做事不张扬、低调的故事。古时候，有一对母子相依为命，生活艰辛，常常受到同族人和邻居的欺负。这位母亲忍辱负重，骂也听着，打也挨着，难看的眼色也受着，再苦再难也拉扯着自己的儿子读书。支撑她这样做的想法是：一旦儿子考取功名，就能翻身了。儿子读书也很用功。母子俩就这样过了十多年。儿子在考上秀才后，就去参加在省城举行的乡试。灶王爷看到这对母子如此不容易，就决定帮助他们。在初审阅卷的时候，灶王爷放出了大量的蚂蚁，把儿子考卷中的错字给改对了。于是，儿子考中了。消息传来的时候，已是傍晚时分，这位母亲正在烧火，听到这个消息，她喜极而泣，边哭边说“有怨的报怨，有仇的报仇”，还拿着火铲子拍打灶头，足足拍了一个时辰，把灶王爷的额头都拍肿了。灶王爷生气了，就上天把这个情况向玉皇大帝说了。玉皇大帝说，看来这家人是器量不大，装不下事，成不了大事，就让灶王爷把派去的蚂蚁撤走了。第二天终审的时候，儿子就名落孙山了。故事讲完后，母亲还没忘了总结：做事情不能乱吆喝，“小神灵”要经住大“香火”。

第三个是有志不在年高的故事。古时候有一家地主，家有三个儿子，一百多亩地，常年有二十多个长工帮这家干活。地主年龄大了，想从三个儿子中选一个人当家主事。一年夏天，天气很热，他拿来一个梨，对他的三个儿子说：“今天上午吃饭，加上干活的二十多口人，就这一个梨下饭。每个人都要吃到梨，还要吃梨不见梨。你们每个人说说，这个梨怎么吃呀？”他的大儿子摇头，二儿子默不出声，只有十四岁的三儿子说：“把梨捣碎，加些水放在锅里烧开，每人能分得一碗梨汤。这样每个人都能吃到梨，还见不到梨。”地主非常高兴，就把整个家里的事都交给他的三儿子了。母亲最后说：“有志不在年高，无志枉长百岁。”

还有很多俗语，如：指山跑死马，盼亲饿死人；冻死迎风站，饿死不出生；眼里有世态，鼻下是大路；门槛有高低，心中有乾坤；抬头看人，低头吃饭……我都记不太清了。

年龄稍大后，母亲经常领着我到隔壁的大伯家、三婶家，听他们在煤油灯下天南地北地闲聊。夏天晚饭后，我便抱着板凳，跟着母亲，在村子的路口纳凉，听婶子大娘讲她们娘家的故事；抱着蒲席，跟着父亲，到村外的打谷场上，听大爷叔伯们说奇闻趣事。我最愿听不识字的二爷爷说书。二爷爷单身，每天骑着自行车赶集，晚上把集上听来的书（说书人讲的内容）讲给我们听。什么“关公千里走单骑”“薛仁贵征西”“罗成枪挑小梁王”“程咬金的三板斧”“火头军杨排风”……那时，总觉得二爷爷很厉害，他居然能知道那么多事情。

要说是阅读的话，以上便是无字的阅读，是耳朵的阅读。听着听着，脑子里就有了鲜活的人物，视野也从家里到了村里，又从村里走到了很远很远的地方。

有字的阅读，是从一首诗开始的。大约是在上三年级的时候，母亲让大伯家的三哥抄了一首诗给我，看我会不会读。这首诗是唐代王维的《鸟鸣涧》：“人闲桂花落，夜静春山空。月出惊山鸟，时鸣春涧中。”当时没写作者和题目，只是这四句诗。我读完后，母亲让我背给她听听。我马上背给母亲听，母亲的脸上露出了灿烂的笑容。现在想来，母亲为什么让我背这首诗？是检测我的记忆力，还是有其他什么用意？我不得而知。总之，这首诗是我上高中前背过的第一首，也是唯一一首古诗。

其他的有字阅读就是借看小人书（当时我们叫画册）了。借看的第一本小人书是什么，是从谁那儿借的，现在一点儿印象也没有了。只记得当时的瘾特别大，借来后不吃不喝也要把它看完，记着时间还给人家。看完了一遍再看一遍，读着文，看着图；看着图，想着文。一本小人书不翻个四五遍，算是没看小人书。那时的小人书，大多是讲战斗故事的：八路军的刺刀扎在鬼子的什么地方，有多深；八路军战士的枪伤在哪儿，流了多少血；八路军战士的机枪、步枪、驳壳枪是什么样的……都通过文和图，加上自己的想象一一找出来。看得多了，很多战斗故事就在脑海中“活”了起来。我们四五个小伙伴一起，给村子周围的小石岭按数字序号编上名字，如一号高地、二号高地……大家分成敌我双方，照着小人书上的故事，过起战斗“家家”来，一玩就是小半天。那时对小人书的渴望，不亚于鲁迅先生小时候对《山海经》的期盼。有时为了能看小人书，会用几个炮仗、几块糖果、一块锅饼、一小把花生、一个煎饼等从小伙伴手中哄来一本。这样的事，我办了不少。能记得名字的小人书，是《铁道游击队》。那时镇上的新华书店有了租看的经营方式，星期天或逢赶集的日子来到书店，交上五分钱，能把十本的《铁道游击队》系列小人书读上一个下午。

以上是我能记起的启蒙阅读，先是从母亲那里开始的“无字阅读”，后是连字带画的小人书阅读，整本书的阅读（如《林海雪原》《铁道游击队》《平原游击队》《四世同堂》等）是初中以后的事了。但就是这样的启蒙阅读，对我的影响是深远的。仅就“晨则省，昏则定”“出必告，反必面”的中华传统孝道，不仅影响着我，也影响着我的子女：父母在的时候，我出门告诉娘，进门喊娘；结婚后，我出门告诉妻，进门喊妻；有了子女后，子女们也出门告诉妈，进门喊妈。这种习惯，也就这样一代一代地传承着。

一个人的阅读史就是他的精神成长史；一个民族的精神境界取决于这个民族的阅读水平；一个没有阅读的学校永远没有真正的教育；一个书香充盈的城市才能成为美丽的家园；共读共写共同生活，才能够形成共同价值、共同语言、共同愿景。

对这话，我坚信不疑！

单元学习任务

任务一

文字是我们打开世界的钥匙，有了文字与阅读，我们可以思接千载、视通万里，我们可以精骛八极、心游万仞。本单元组文阅读的三篇文章写了作者与阅读相关的经历，请借助下面的表格说说每位作者不同阶段的阅读分别有怎样的收获。

题目	阅读过程（分阶段概括）	阅读收获

任务二

搜寻你的记忆，理一理你与文字、书籍结识的过程，学习本单元任意一篇文章的叙事方法，列出叙事的提纲，可以用以下词汇标明思路：最早、之后、不久、后来、如今等。

任务三

打动人的文章或句子总是会引起人的共鸣，圈画本单元文中打动你的句段进行仿写，可以模仿句式，可以模仿修辞，也可以模仿风格，尽量写得生动有趣或富有哲理。

词海泛舟

在源远流长的中国文学史中，宋词是继唐诗之后的又一座文学高峰。比起唐诗的铿锵豪迈，宋词更加舒缓婉转。由于篇幅加长，宋词的意境更加丰富，也更能具体地传达出作者对大自然的憧憬、对生活的热爱、对生命的赞美。古代先贤与文人墨客将自己的喜怒哀乐、家国情怀、冲天志向……凝结为光耀千古的一首首词，承载着不老的情思，穿越千年徐徐而来，浸润在我们的血脉中。

学习本单元，要注意把握词的意蕴，比较同一流派不同词人在创作风格上的差异，也要注意同一词人写作不同内容的特色。此外，还要注意在诵读中增强文言语感，积累常见文言词语。

1. 临江仙[①]

⊙〔宋〕苏轼

夜饮东坡醒复醉，归来仿佛三更。家童鼻息已雷鸣。敲门都不应，倚杖听江声[②]。

长恨此身非我有，何时忘却营营[③]？夜阑风静縠纹[④]平。小舟从此逝，江海寄余生。

译文

夜里在东坡饮酒，醉而复醒，醒了又饮。归来时好像已经是夜半三更了。家童鼾声如雷，反复叫门也不应，我只好拄杖伫立江边聆听江水奔流的声音。

长恨人在宦途，身不由己。什么时候才能够忘却追逐功名？夜深风静，水波不兴。真想乘上小船从此消逝，在烟波江湖中了却余生。

---

① 临江仙：唐教坊曲名，后用作词牌名。

② 听江声：苏轼寓居临皋，在湖北黄冈南长江边，故能听到长江涛声。

③ 营营：形容奔走钻营，追逐名利。

④ 縠纹：水中细小的波纹。

苏轼是豪放派词人的代表，一生多次被贬谪，辗转多个地方，留下许多脍炙人口的名篇佳作，他的经历和人生态度对其词作风格影响颇深。

请结合日常积累，归纳列举一下他的词作中经常出现的景物。想一想，看看能否理解描写景物与词作风格的关联。

2. 菩萨蛮·书江西造口壁

⊙〔宋〕辛弃疾

郁孤台下清江[1]水，中间多少行人[2]泪。西北望长安，可怜无数山。

青山遮不住，毕竟东流去。江晚正愁余，山深闻鹧鸪。

译 文

郁孤台下这赣江的流水，水中有多少苦难之人的眼泪。我举头眺望西北的长安，可惜只看到无数青山。

但青山怎能把江水挡住，浩浩江水终于还是向东流去。江边夜晚我正满怀愁绪，这时听到深山传来声声鹧鸪悲鸣。

学习提示

辛弃疾一生以收复山河为志却未能如愿，郁郁而终。在这首词中，哪些景物或事物寄托了他独特的情绪或记忆？

---

① 清江：赣江。

② 行人：此指流离失所之人。

1. 蝶恋花[①]

⊙〔宋〕苏轼

花褪残红青杏小[②]。燕子飞时，绿水人家绕。枝上柳绵[③]吹又少，天涯何处无芳草[④]！

墙里秋千墙外道。墙外行人，墙里佳人笑。笑渐不闻声渐悄[⑤]，多情却被无情恼。

译文

花儿残红褪尽，树梢上长出了小小的青杏。燕子在天空飞舞，清澈的河流围绕着村落人家。柳枝上的柳絮已被风吹得越来越少，天涯路远，哪里没有芳草呢！

围墙里有位少女正荡着秋千，围墙外行人经过，听到了墙里佳人的笑声。笑声渐渐就听不到了，声音渐渐消散了。行人怅然，仿佛自己的多情被少女的无情所伤。

---

① 蝶恋花：词牌名。

② 花褪残红青杏小：指杏花刚刚凋谢，青色的小杏正在成形。褪，萎谢。

③ 柳绵：柳絮。

④ 天涯何处无芳草：指春暖大地，处处长满了萋萋芳草。

⑤ 渐悄：渐渐声小，声随人远。

2. 青玉案·元夕[1]

⊙〔宋〕辛弃疾

东风夜放花千树。更吹落，星如雨[2]。宝马雕车香满路。凤箫声动，玉壶[3]光转，一夜鱼龙舞[4]。

蛾儿雪柳黄金缕，笑语盈盈暗香去。众里寻他千百度，蓦然回首，那人却在，灯火阑珊[5]处。

译 文

入夜，一城花灯好像是春风吹开花儿挂满千枝万树。焰火像是被吹落的万点流星。驱赶宝马拉着华丽的车子，香风飘满一路。凤箫吹奏的乐曲飘动，月光流转，此起彼伏的鱼龙花灯在飞舞着。

美人的头上都戴着饰物，有的插满蛾儿，有的戴着雪柳，有的飘着金黄的丝缕，她们面带微笑，带着淡淡的香气从人面前经过。在众芳里我千百次寻找她，可都没找着；突然一回首，她却孤零零地站在灯火稀疏的地方。

---

① 元夕：农历正月十五为元宵节，此夜称元夕或元夜。

② 星如雨：指焰火纷纷，乱落如雨。星，形容满天的焰火。

③ 玉壶：比喻明月，故继以“光转”二字，也可解释为灯。

④ 鱼龙舞：指舞动鱼形、龙形的彩灯。

⑤ 阑珊：零落稀疏的样子。

3. 御街行 · 秋日怀旧

⊙〔宋〕范仲淹

纷纷坠叶飘香砌[①]。夜寂静，寒声碎。真珠帘卷玉楼空，天淡银河垂地。年年今夜，月华如练，长是人千里。

愁肠已断无由醉，酒未到，先成泪。残灯明灭枕头欹，谙尽孤眠滋味。都来[②]此事，眉间心上，无计相回避。

译文

纷纷杂杂的树叶飘落在透着清香的石阶上，寒夜一片寂静，只听见那寒风吹动落叶发出的轻微细碎的声音。珍珠的帘幕高高卷起，玉楼空空无人。夜色清淡，烁烁闪光的银河直垂大地。每年今天的夜里，都能见到那如绸缎般的皎月，而我思念的人却远在千里之外。

愁肠已经寸断，借酒浇愁也难以使自己沉醉。酒还未喝，却先化作了辛酸的眼泪。残灯闪烁，枕头歪斜，尝尽了孤眠滋味。算来这相思之苦，积聚在眉头，凝结在心间，实在没有办法可以回避。

---

① 香砌：香阶，指有落花香味的台阶。

② 都来：算来。

单元学习任务

任务一

最早的词是依曲调填写，用于歌唱的歌词，绝大部分是用来抒情的。读一读本单元“组文阅读”中描绘不同情感的三首词，体会它们的异同。

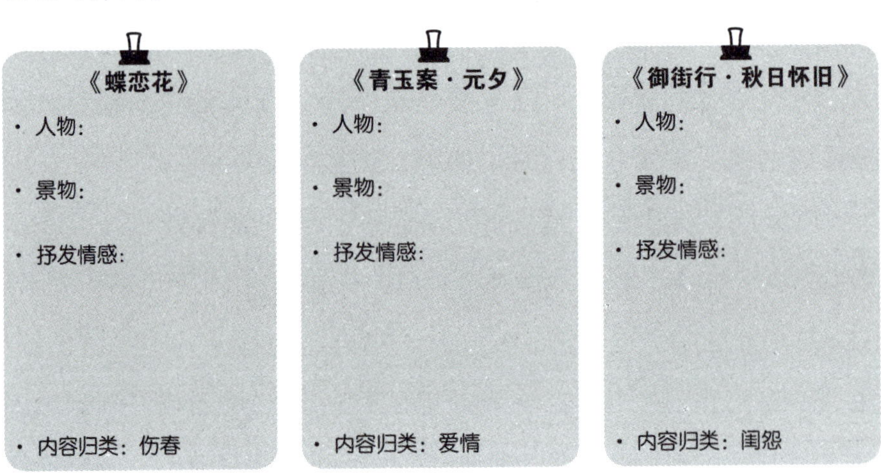

任务二

优美的语言能够使人变得儒雅，风采出众。为了激发大家阅读宋词的积极性，学校准备举办名为“精致的婉约与豪放”的宋词诵读比赛，请你拟定不同的主题让大家准备。如：节日风俗、________、________、________、时光流转等。

布局谋篇

布局谋篇，通常是指写文章时的整体构思，就是在确定了文章主题的基础上，对文章的整体结构做出怎样的安排。比如先写什么、后写什么，或者怎样开头、结尾、过渡、照应，最后形成目标明确、层次清楚、结构完整的文章。布局谋篇是由口语随意表达到书面有序表达的必由之路，也是思维发展的必由之路。

本单元训练的重点：

1. 明确中心，梳理材料，列出框架。

2. 在框架的基础上，列出提纲，明确以下内容：

（1）如何开头（倒叙、悬念、引用、描写等）；

（2）主体如何展开（几个段落、段落之间的关系、重点是哪个段落、如何过渡等）；

（3）调动平时积累（用什么、用在哪里、怎么用等）；

（4）如何结尾（呼应、点题、抒情、议论、引用、引发思考等）。

1. 雪化一化，就有路了

⊙张抗抗

文章开头是作者叙述的起点，本文开宗明义，用一句话引出主题。

每年下第一场雪的日子，我总会想起多年前，一个雪天的经历。

那些日子我始终被一件事情烦恼着。烦恼的起因似乎是为了一些闲言碎语。当事情渐渐平息下来时，我偶尔听说某某人在其中做了手脚，心里顿时对此人充满了愤懑和恼恨。我发誓要当面去质问她，为什么要这样伤害我，让她明白她在其中扮演了一个什么样卑劣的角色……

很快便有了一个机会。我出差去某地，恰好要路过那人所在的城市。我决定在那个城市作短暂的停留，突然出现在她家门口，然后义正词严地指责、声讨她，然后同她“拜拜”，乘坐下一班火车拂袖而去。

火车意外晚点，到达那个城市已是傍晚时分。当我走出车站时，发现空中已飘起了雪花。

我换乘了几站电车，下车时，只见马路边的屋顶和地面上已是厚厚一层白雪。天色很快暗了下来，昏黄的路灯照着银色的雪地，四周的街道和房屋笼罩在一片暗淡迷茫的雪色中。

我有些发蒙，心生胆怯和疑惑。但我只能继续往前走，去寻找那个记录在怨恨的纸条上的地址。

雪下得越来越大，风也越发凛冽，雪片像是无数只海鸥扇着白色的翅膀，围绕着我扑腾旋转。四下皆白，分不清天上地下……

自然环境描写，点明天气恶劣的同时，为下文“我”迷路、老妇人引路等情节做铺垫。

街上几乎没有行人，远处有人影匆匆而过，就连可以问路的人也没有。我又试着来回走了一会儿，可是风雪中既寻不见街牌也看不见门牌号码。

饥饿、疲惫、寒冷、烦躁，我的心被积郁已久的怒气鼓胀得几乎快要炸裂。我恨透了那个惹是生非的女人，都是因为她的过错，才使我徘徊流落在异乡这可憎可恶的街头，饱受风雪之苦。

就在那个时候，我看见了街边上一间简陋的平房窗口，泄出一线微弱的灯光。我涨红着愤怒而疲倦的脸，敲响了那家人的房门。

老妇人的出现，是文章的转折之处。

开门的是一位上了年纪的老妇，她似乎正在和面做饭，于是将两只手甩了甩，又合拢着搓了又搓，才接过我那张写着地址的纸条。

然后她眯着眼将那纸条举在灯下看了看，又低头仔细地打量着我，问："你不是这地方的人吧？"我点点头。她便往前方指了指，告诉我那条胡同离这儿已经不远，但还得如何拐弯如何拐弯之类。那口音不好懂，我听得越发糊涂，傻傻地愣在那里。她索性扯下围裙，抓起一条头巾说："得，那地方太难找，跟你说不明白，还是我领你去吧！"

不容我谢绝，她已经踩在了雪地里。她走得快，我闷头跟在她身后。

"这大雪天儿出门，定是有要紧事吧？"她回过头大声喊。

我含糊地应了一声。

老妇人的话是"我"心理发生转变的一个诱因。

"猜你是去看望病人吧？看把你累的急的！是亲戚？朋友？"她放慢了脚步，一边拍掸着肩上的雪花，等着我。

我心里咯噔一下，沉默着……

似乎就在那一刻，我忽然对自己此行的目的和意义，恍恍惚惚地发生了一丝怀疑和动摇。我不知道自己来这个城市干什么，甚至也不知道我要去寻找的那个人究竟是谁。那个人隐没在漫天飘飞的雪花中，随风逐流而去，只不过应和着恶劣天气中雷电偶尔的喧嚣，也许出于无知，也许出于一时的利益之需，那也许真的是一个需要救治而不是鞭笞的“病人”啊！

脚底突然在一个雪窝里滑了一下，大娘一把将我拽住。“不碍事，不碍事！就快到了，前面那个电线杆子右拐，再往前数三个门就是。”她说，一边仍在搓着手指上的面粉，一边抬起一只手，擦着脸上的雪水。我看见她花白的头发上，落满了一粒粒珍珠般晶莹的水珠。

“大娘，请回吧，这回我认得路了……”我说着，声音忽然就喑哑了。

她又重复指点了一遍，便转身往回走。刚走几步，又回过头，大声说：“不碍事，

“雪化一化，就有路了！”这句话点明了题目，与开头相照应。

明儿太阳出来，这雪化一化，就有路了！”

那个苍老的声音，被纷扬的雪花托起，在空荡荡的小街上蹒跚。

我在雪地上久久伫立，任雪花落满我的双肩、遮盖我的眼帘；任寒风吹打我的脸庞、掀起我的衣襟。湿重的背包、鞋和围巾似乎一下子失去了分量，连同我此前沉郁的大脑和满腹怒气的心思……

“雪化一化，就有路了”这句话照应题目和开头的同时，也强调本文中心，唤起读者心理上的美感，达到一种首尾圆合、浑然一体的艺术效果。

雪化一化，就有路了——那么，就把冷雪交给阳光去处理。雪不能永远覆盖道路，因为路属于自己的脚。世上如果曾有误解和诽谤，充满阳光的心灵却能宽宥和融化一切。

那个风雪之夜，费尽周折的我在那个破旧的大杂院门口平静地站了一会儿，轻轻将那张已被雪水洇湿揉皱的纸条撕碎，然后慢慢朝火车站方向走去。

2. 青花瓷瓶

⊙史雁飞

雪下得很大，也很急，街道上空空的，没有几个人。绵软柔滑的积雪，蓬蓬松松地挂在枝梢上，亮白而倦怠的枝条被压低了头。偶尔有一阵风，也极微小极细弱，还没有感觉到，就消逝了。在这样的天气，不会有什么顾客来当东西，当铺老板早早地关了店门，捅旺火炉，懒洋洋地趴在柜台上，一边翻看图片，一边哼着京戏。

突然，有人敲门，声音极轻。他抬头，支起耳朵细听，什么声音也没有。他怀疑自己听错了，于是，他又低下头继续翻看手里的图片。敲门声又起，这次声音很重，他很吃惊，自语道："这样的鬼天气，有谁会来当东西呢？"

他迟疑着打开门。雪地里，瑟缩地站着一个男孩，十二三岁的样子，很瘦，穿得单薄，头戴一顶破旧的棉帽，由于帽顶落满积雪，使得男孩的脸更加瘦小。厚厚的积雪没了他的双脚，他双手揣在怀里，脸冻得通红，衣服上满是雪。

“孩子，你要当东西吧？”他问。

“我，我……”小男孩支支吾吾半天，也没说出什么来。

“那你要做什么？”一朵朵大大的雪花翻飞着落在男孩的额头上，男孩打了个冷战。“哦，孩子，进店说吧。”男孩从雪里拔出双脚，走进店，站在门口，不敢再向前迈一步。他的两只手仍在怀里揣着。老板摘下男孩的棉帽，一边拍打棉帽上的积雪，一边说：“孩子，那你究竟来做什么呢？”

“我……我妈病了。”男孩低着头，怯怯地说。

当铺老板很机敏，一下子就听出男孩的意思：“你是来跟我借钱？”

“噢，不，不，我不是。”男孩显得局促不安，“我妈病了，老咳嗽，夜里咳嗽得就更厉害，医生说，是肺痨。家里没钱，我想……我想把这个当给你们。”男孩一边说，一边从怀里掏出一个精致的红盒子递给老板。

男孩鞋上的积雪，在暖烘烘的屋子里很快化成了雪水，在男孩脚下，一圈一圈，慢慢消散。

老板接过红盒子，慢慢打开。“啊！青花瓷瓶？你是从哪儿弄来的？”老板眼睛盯向男孩。

老板娘听说有人来当青花瓷瓶，兴冲冲地从屋里走出来，说：“在哪儿呢？快让我看看。哇，这么漂亮的青花瓷瓶！”男孩变得更加局促起来，眼神中藏着遮掩不住的慌乱。他躲闪着老板的目光，慌忙说：“是我家的，是我爸爸留下来的。”

“你爸爸——那你爸爸为啥不来当啊？”老板问。男孩目光暗淡，说：“我爸爸老早就去世了。”

“那，是你妈让你来当的吗？”老板娘一边仔细翻看着青花瓷瓶，一边问。男孩低下了头，半天才说：“不，不是，我妈不知道。”老板疑惑地盯着男孩：“你是背着你妈，来当这个瓷瓶的？”

男孩流泪了，默默地点头。

老板娘拿着青花瓷瓶，上下左右地翻看。看着看着，忽然皱起了眉头，赶紧把花瓶递给老板，老板接过来，又翻来覆去仔细看了一会儿，没吭声，拿着瓷瓶走进柜台，然后走向那个放着营业款的抽屉。老板娘急了，三步并作两步，挡住老板，双臂护着抽屉，嚷道：“你要做什么？你看仔细了，那瓷瓶……”老板温和地看着老板娘说：“我已经仔细看过了，没问题。把这青花瓷瓶放到你的梳妆台上吧。”说着，老板把瓷瓶递给老板娘，老板娘半信半疑地边看边向屋里走去。

老板笑了，回过头来对男孩说：“孩子，瓷瓶我们留下了。这些钱拿回去给你妈治病。不够的话，你再过来拿。”

男孩不解地看着老板。老板说：“噢，我是说，我先付给你一半钱，另一半你下次再来拿。”男孩笑了，说了声谢谢，拿着钱，跑了出去。

外面的雪不知啥时候停了，太阳照在雪面上，耀眼刺目。老板眯着眼，看那小小的身影消失在远方。

男孩再也没来。

又是一个春天，天气格外好，明媚的阳光照得人暖洋洋的，当铺的生意红红火火。当东西的，赎东西的，出出进进。

一个少妇带着一个男孩远远地走来，走到当铺门口，少妇突然就跪下了，当铺老板慌忙走出来，看见站在少妇身边的男孩，明白了一切。

长沙不足舞

出自《汉书》。相传汉景帝将全国的土地分封给诸皇子并赐以王位。由于母亲地位低微，刘发分得的是边远潮湿而贫瘠的长沙地区。一日，景帝在寿宴上令刘发上前歌舞，他只是稍稍动动袖子，举举手。在场的人都嘲笑他的笨拙，景帝也感到奇怪，就询问原因。刘发回答说："我的封地太狭小，回旋不开。"景帝听了，为了对皇子一视同仁，于是，又给刘发加封了土地。

【典意】形容地方狭小，无法施展。

3. 在路上

⊙贺子懿

在那个风和日丽、阳光正好的上午，我第一次在路上遇见他。这样的偶遇，让我颇有辛稼轩“蓦然回首，那人却在灯火阑珊处”之感。

他身着中式长衫，左手持一卷书，右手频频做推敲之势。在幽静的林间小路上，他的身影是那样引人注目。我悄悄走到他身后，只见他手里的书标满了密密麻麻的声调符号，文章左侧的旁批如群蚁排衙，我感到难以置信。看着他满头白发，却手不释卷研读古诗，难道他也和我一样，心中有放不下的古诗梦吗？

他好像完全沉浸在古典文学的世界里，一点儿也没有意识到身后有人正注视着他。走到小路尽头，我即将与他分道扬镳。我最后回望了一眼沉浸在古诗词中的他，然后飞奔赶去上课。那一上午我都在想他，想满头银发却依旧执着在追梦路上的他。这大概就是对那句“北海虽赊，扶摇可接；东隅已逝，桑榆非晚”最好的诠释吧！在中考的重压下，那些关于诗、书的一切早已沦为幻影，被我搁置。日复一日的上课、做题，让我早已将心中的古典文学梦埋葬。

每周六的上午，我都会和他走同一段小路。那时的我拖着疲惫的身体，睡眼惺忪、不情不愿地走着。与小路上仔细吟咏古诗、认真追梦的他形成鲜明的对比。

他一如既往地持书吟咏，而我默不作声地跟在他身后。终于有一天，他留意到了我，我们便交谈起来。他说，他喜欢吟诵，且深爱着古典诗词。他的梦想是去南开大学的迦陵学舍听叶嘉莹先生讲诗词。提到诗词、吟诵、叶先生，他的眼里流露出别样的灼热光芒。他坚定的语气更是让我深信，他的梦想一定会实现！临别，他用欧阳公的诗句鼓励我："羡子年少正得路，有如扶桑初日升！"是啊，与他相比，我正年少，我更应努力拼搏在追梦的路上。毕竟，"诗酒趁年华"呀！

持之以恒追梦的他，让我醍醐灌顶——唯有今日认真地学习，日后才能有追梦的底气。也许只有那踏实认真的努力才能真正铺成通往理想的道路，而非少年意气。自此，我每天的课都听得格外认真，再也不会抱怨起床太早、自己好累。

以后的日子，他努力吟，我努力学。我们各自怀揣希望追逐着诗与远方。我们都是追梦人，我们一直在路上！

（学生习作）

书里书外

手捧一卷书，轻轻翻动，跃动的文字散发出特有的墨香。或静读，或遐思，言语溢情，缓缓流进心底。思绪驻足于书中的世界，评人论事，喜山乐水，赏花听雨，日日如是，读书已经成为一种自觉与不自觉的习惯。本单元所选文章，或谈择书标准，或谈读书态度，或谈读书方法。认真阅读后，我们将对开卷有益有更深刻的体会。

阅读本单元文章，要了解作者读书的态度，明确作者的观点。要认真分析作者是如何剥茧抽丝般进行论证分析的，以便从中学习思辨的方法。同时，要注意体会作者在字里行间流露的思想感情，品味其遣词用句之美。当然，探寻名家的读书之道，最终为的还是将其落实在自己的学习和生活之中，学以致用。

1. 读书小语（节选）

⊙周国平

世上可做可不做的事是做不完的，永远要去做那些最值得做的事。

读书也是如此。正确的做法是：在所有的书中，从最好的书开始读起，一直去读那些最好的书，最后当然就没有时间去读较差的书了。不过这就对了。

作者从生活中普遍认同的思维方式入手，引出自己对读书的看法。

书籍少的时候，我们往往从一本书中读到许多东西。如今书籍愈来愈多，我们从书中读到的东西却愈来愈少。我们对书中有的东西尚且挂一漏万，更无暇读出书中没有的东西了。

开卷有益，但也可能无益，甚至有害，就看它是激发还是压抑了自己的创造力。

读有益的书，能从书中吸收营养，发展才能，激发出自己的创造力；读有害的书，可能会失去自我，甚至“压抑了自己的创造力”。

我衡量一本书价值的标准是：读了它之

后，我自己是否也遏止不住地想写点什么。自我是一个凝聚点。不应该把自我溶解在大师们的作品中，而应该把大师们的作品吸收到自我中来。对于自我来说，一切都只是养料。

读书犹如采金。有的人是沙里淘金，读破万卷，小康而已。有的人是点石成金，随手翻翻，便成巨富。

学习提示

本文是一篇清新隽永的哲理文章，篇幅短小，内容丰富。阅读本文，可以品味文章的语言，可以学习对比、比喻的写作手法，也可以学习灵活简明的句式表达。

2. 读书重在选择

⊙潘裕民

开门见山，用名人名言引出论点。

英国作家阿瑟·柯南·道尔曾说过："漫无目标，无书不读的人，他们的知识是很难精湛的。"可见，读书一定要有选择。

发表观点与看法，联系现实生活，这样的观点会更有意义。

读书要有所选择，这在今天显得尤为重要。也许有人会说，博览群书被古人提倡，现在我们为什么非选择不可？我们知道，西潮东渐以前，中国有的学者曾有"读尽天下可读书"的抱负。但是，今天的博览群书，和古人的博览群书有很大差别。古时书少，很多书是以诗词、文言文的形式写下来的，言简意赅。即便是古代散文，篇幅也不是很长，博览群书比较容易。而在如今这个知识大爆炸的时代，书太多，各类图书让人眼花缭乱，各种读本蜂拥而至，鸿篇巨制铺天盖地，我们只能选择自己最想读或必须读的书来阅读。

当代著名学者钱锺书一生读书无数。一次，他到美国访问，去参观国会图书馆，图书馆的人因其藏书量大而骄傲，同去参观的人也无不为之惊叹，只有钱锺书一个人默不作声。图书馆的人问他有何观感，他忍不住笑着说：“我也充满了惊奇，惊奇世界上有那么多我所不要看的书！”这话听上去风趣，却是事实，一个人不可能读完所有的书。19世纪英国作家罗斯金就说过：“一个人的生命是短暂的，空余时间很少，因此我们不应把一刻空余时间耗费在阅读价值不大的书籍上。”因此，今天我们提倡既要多读书，又要有选择意识，多读好书。

想一想：作者用钱锺书参观国会图书馆的事例想表明什么观点？

毛泽东是我国历史上一位爱读书、会读书的领导人，他早年常说：“读书要为天下奇。”他所说的“奇书”，不在择读之量，而在择读之内容与效果。毛泽东的择书，排在前三位的是哲学、马克思列宁主义和文史，尤其在他晚年时，仅《红楼梦》就阅读和收藏了20种不同版本的线装书。当然，那些与他的实践活动关系不大的书籍，他也有选择地阅读了很多。

人们常说："开卷有益。"这句鼓励人们读书的话没错，但是并不等于读任何书都是"有益"的。尤其面对之前从未看过的"新书"，更要有所选择。美国哲学家阿尔考特曾说过："一本好书使人开卷时会有所求，而闭卷时获有益处。"其实该读什么书、不该读什么书，或者在什么年龄段读什么书，历史上、现实中都有许多建议，如"少不读《水浒》，老不读《三国》"。

对约定俗成的观点提出新的不同看法，再次论证自己的观点。

书是有等级的，有好坏之分。王充在《论衡·自纪》中讲述评价文章好坏的标准时说过："为世用者，百篇无害；不为用者，一章无补。"他所著的《论衡》一书就属于"为世用者，百篇无害"的好书，至今仍为人们所珍藏。书是人类的仓库，但仓库里藏的东西不一定完全是好的，也有霉的、烂的、不合用的。所以，一个人不能随便读书。别林斯基也曾说："阅读一本不适合自己阅读的书，比不阅读还要坏。"

如此说来，读与不读、粗读与精读，都要有所推敲。何况今天印刷术那么发达，出的书不计其数，版本也很多。比如《论语》一书，就有无数版本，让读者不知道读哪种好。尤其是一些外国文学作品，不同版本、译者、出版社的差别很大，一定要选名社、名翻译家的版本来读。另外，在内容、文字等方面也要有所选择，学会取舍。

从另一个更专业角度以提建议的方式论述中心论点。

“尽信书，则不如无书。”要做到这一点，我们不仅在面对书海时要学会选择，在面对同一本书时，也要善于对其内容进行选择。现在的一些图书，平庸陈旧的内容较多，真知灼见较少，书中的很多观点别人早已说过，只不过是改头换面炒冷饭，如果我们捧着这样的书籍，还一本正经从头读到尾，岂不是浪费时间？

仔细阅读结尾一段的内容，看看它与前文是怎样的逻辑关系。

学习提示

本文引用名人关于读书的见解，提出了具有现实意义的读书观点，引人深思。阅读本文，要思考作者的观点，试着分析作者论证观点的思路，然后从文章中获取写作技巧。

1. 不要空喊读书

⊙马南邨

要读书，就应该拿起书来，一字一句地认真读下去，为什么会有空喊的呢？

空喊读书的，可能有几种人：第一种人因为自己没有养成读书的习惯，坐不住，安不下心，读不下去，但是又觉得读书很有必要，于是就成了空喊。第二种人因为有一些误解，以为拿起书来从头到尾读下去，就会变成读死书，所以还不敢也不肯这么做，于是也变成了空喊。第三种人因为太懒了，不愿意自己花时间去读书，只希望能找到什么秘诀，不必费很多力气，一下子就能吸收很多知识，所以成天叫喊要读书，实际上却没有读。

这三种人即便是极少数的，我们也应该耐心地给以帮助，使他们不再空喊，而认真地坐下来读书。并且对这三种人还要有所区别，采取不同的办法给以帮助。

三种人之中最难办的是懒病太深的人。这怎么办呢？唯一的办法是要促使他痛下决心，勤学苦读。虽然不必采取什么“以锥刺股”那样的办法，但是，也要有相当的发愤之心，否则是一事无成的。而只要真的勤学苦读了，那么，有时候才有可能达到“豁然贯通”的境界。唐代大诗人李白“梦笔生花”的故事，不是全属无稽之谈。古人类似这样的故事还多得很。例如，唐代鲍坚的《武陵记》一书，还写了这样的一个故事：

后汉马融勤学，梦见一林，花如绣锦，梦中摘此花食之。及寤，见天下文词，无所不知，时人号为绣囊。

很明显，马融之所以能够变成“绣囊”，并非真的因为他做梦吃了花儿，而是因为他勤学苦读。

听了这个故事，如果不从勤学苦读方面去向马融学习，而光想做梦吃花儿，那又会有什么结果呢！

可是，按照懒人的想法，却很可能不从勤学苦读上着眼。他也许会想到：这真妙啊！古时马融做梦吃了花儿，醒来就能通晓天下的文辞；那么，现在能不能请一位科学家，发明一种神奇的办法，比如用注射针之类，对人脑进行注射，来代替读书呢？如果能发明这样的方法就太好了。到那时候，打一针或者吃一服药，就能吸收多少部书；这么一来，只消一个早上就能培养成千上万的知识分子和专门人才，岂不妙哉！

当然这只不过是痴人说梦而已，决不会真有人做这样的想法。但我们能从中体会到老老实实的读书态度的重要性，便有极大的受用。

然而，是不是一字一句从头到尾地读书，又会被批评为读死书呢？决不会的。我们反对读死书主要是指那种目的不正确的而言，并非说：认真读书都是读死书。要是这样理解，就大错特错了。其实，有许多人根本还没有读什么书，完全说不上什么读死书或者读活书的问题。

有人老爱高谈阔论。什么事也没有做起，先要谈论个不休。大家都曾见到，有的成天在订计划，开书目，请人讲读书方法，在许多场合都很热心地泛论读书的重要性，如此这般耗费了许多时间和精力，结果误了别人也误了自己，倒不如把耗费的这些宝贵时间，放在老老实实的认真读书上面，也许可以得益不浅。

至于那种坐不住的人，只要下决心坐下来，很快就能养成习惯。这种人的毛病最轻，最好治。

一句话，读书不要空喊，到处叫嚷毫无用处。你觉得自己最需要什么知识，就赶快到图书馆去找有关的书籍，如有可能再想法买到这些书籍，抓住一天半天的时间，老老实实地从头到尾地一字一句地耐心读下去，遇到自己有用的重要材料就用本子记下来。这样做，从自己最需要的地方下手，兴趣很快也会培养起来，日积月累，就能读好多书，掌握好多知识。舍此以外，别无路子可走。

2. 读书知味

⊙肖复兴

电影和电视时代乃至网络时代的迅速到来，给传统的纸质阅读带来了强烈的冲击。我们的阅读能力确实是无可奈何地在退化。那么，纸质阅读的魅力和作用究竟还存不存在呢？存在于哪里呢？

可以肯定地说，如今纸质阅读仍很重要。它不像看影视图像那样容易，也不如认字那样简单，它是一种能力，需要进行认真而系统的训练。实际上，阅读是一种比应试更重要的能力。只有具备了这种能力，才能获得纸质图书中相应的意义及其乐趣。而且，这种能力可以伴随人一生的成长，可以丰富人的心灵与精神，并能够挖掘出人生的种种潜能。

先来说说我自己的读书经历吧。自打识字起，我看的第一本书，是上海出版的《小朋友》，是一种画报的读本。识字多了，读《儿童时代》，是那种图文并茂的杂志。这都是父亲为我买的，每期都买，从不间断。

我自己买的第一本书，也是杂志，是上海出版的《少年文艺》，一角七分钱一本。那时，我上小学四年级。买到的那本《少年文艺》上有美国作家马尔兹写的一篇小说，是《马戏团来到了镇上》，那篇小说令我印象深刻：小镇上第一次来了一个马戏团，两个来自农村的穷孩子从来没看过马戏，非常想看，却没有钱，他们赶到镇上，帮着马戏团搬运东西，才换来一张入场券。可晚上马戏演出的时候，他们却累得睡着了。

这是我读的第一篇外国小说，与《少年文艺》上看到的中国小说大有不同，它没写复杂的事情，而是集中在一件小事上：两个孩子渴望看马戏却最终没有看成。这样的结局让我讶异，它在我心中引起了莫名的惆怅，那种夹杂在美好与痛楚之间的忧郁的感觉，随着两个和我差不多大的孩子的睡着而弥漫开来。马尔兹可以说是我文学入门的第一位老师。

从那时候开始，我迷上了《少年文艺》，以前没有买到的，我在西单旧书店买到了一部分，余下的，我特意到国子监的首都图书馆借到了一部分。无论刮风下雨，都准时到国子监的图书馆借阅《少年文艺》的情景，我至今记忆犹新。春天，国子监里杨柳依依，在春雨中拂动着鹅黄色枝条的样子，仿佛就在眼前。

少年时的阅读情怀，总是带着你难忘的心情和想象的，它对你的影响是一生的，是致命的。就是在《少年文艺》的紧密阅读中，我认识了另一位作家——中国的儿童文学作家任大霖，他写的《打赌》和《渡口》，让我至今难以忘怀。我到现在还能记住当年读完《渡口》《打赌》时的情景：落日的黄昏，寂寥的大院，一丝惆怅的心绪，随晚雾与丁香轻轻飘散。我曾经将这两篇文章全文抄录在我的笔记本上，并推荐给我的好多同学看。时间过去了这么久，我依然可以完整地讲述这两个故事……

进入中学，我读的第一本书是《千家诗》。那是同学借给我的一本清末民初的线装书，每页有一幅木版插图，和那些所选的绝句相得益彰。第一首是那首有名的宋代绝句："古木阴中系短篷，杖藜扶我过桥东。沾衣欲湿杏花雨，吹面不寒杨柳风。"我将一本书从头到尾都抄了下来。记得很清楚，我是抄在了田字格作业本上，那是我古典文学的启蒙。那一年，我读初一。我每天抄一首诗，揣在衣兜里，在上学的路上反复背诵，大街上车水马龙的喧嚣全都听不见了，只有这些古诗的音律，在我的心里回荡。

初二，偶然间，我在新华书店里买到署名李冠军的一本散文集《迟归》。集子中的散文写的全部都是校园生活，里面所写的学生和我年龄差不多大，老师和我熟悉的人影叠印重合。书中第一篇文章《迟归》的开头："夜，林荫路睡了。"意境很美，格外迷人。一句普通的拟人句，在一个孩子的心里充满纯真的想象。

文章写的是一群下乡劳动的女学生回校已经是半夜时分，担心校门关上，无法回宿舍睡觉了。谁想到校门开了，传达室的老大爷特意在等她们呢，出门迎接她们时却说："睡不着，出来看看月亮！"女学生们谢过他后跑进校园，老大爷还站在那里，望着五月的夜空。文章最后一句写道："这老人的心，当真喜欢这奶黄色的月亮？"

一晃50多年过去了，一切恍然如昨。那个5月的夜晚，那个奶黄色的月亮，那个传达室的老大爷，总会在我心中浮动。读完这本书，我抄录了包括《迟归》在内的很多篇散文。那些抄录的文章，尽管上面纯蓝色的钢笔墨水痕迹已经变淡，却和记忆一起保存至今。初三，我参加北京市少年作文比赛，写的一篇作文《一幅画像》获奖，并被翻译成英文出版。大概出于这样的原因，我们学校图书馆的高挥老师，破例允许我进入图书馆自己挑书去读。

在书架“顶天立地”的图书馆里，我发现一间神秘的储藏室，被一把大锁紧紧地锁着。我的中学是北京汇文中学，有着一百来年的历史，图书馆里的藏书很多，我猜想这间神秘的储藏室里应该藏着许多古旧的图书。每次进图书馆挑书的时候，我的眼睛总忍不住盯着储藏室大门的那把大锁看，想象着里面的样子。高老师看出了我的心思，她破例打开了那把大锁，让我进去随便挑书。我到现在仍然清晰地记得第一次走进那间光线幽暗的屋子里的情景，小山一样的书，杂乱无章地堆放在书架上和地上，那么多，我被深深地震撼了。

那一年，我刚刚升入高一。从尘埋网封中翻书，是那一段时期最快乐的事情。我像是跑进深山探宝的贪心的孩子一样，恨不得把所有的书都揽在怀中。我沉浸在那间潮湿灰暗的屋子里，常常忘记了时间。书页散发着霉味，也闻不到了。常常是，天已经暗了下来，图书馆要关门了，高老师在我身后，打开了电灯，微笑着望着我。

在那里，我读了冰心出版的所有的文集，当然包括《繁星》和《春水》。我甚至抄下了冰心的整本《往事》，还曾认真地写下了一篇长长的文章《论冰心的文学创作》，虽然一直悄悄地藏在笔记本中，到高中毕业，也没给一个人看，却是我整个中学时代最认真的读书笔记和美好的珍藏了。其实，有些书，我并没看懂，只是一些朦胧的印象和感动，但是让我对未来充满想象，总觉得有什么事情会发生，一切都将是美好的，又有着镜中花水中月那样的惆怅。

我就这样读着书长大了。我一直认为，童年、少年和青春季节，是人生之中最为美好的阅读状态。远遁尘世，涉世未深，心思单纯，阅读便也就容易融化在血液里，镌刻在生命中，受用无穷。在这样的阅读之中，文学书籍滋润心灵、启迪审美的功用，是无可取代的。成年后再来阅读，和少年时期的阅读已经是两码事，所有的感觉和吸收都是不一样的。青春季节的阅读和青春一样，都是不可逆的，无法弥补。

从某种程度而言，一个人的成长史就是阅读史。那么，一个孩子童年和少年时期的阅读，便是浸染在他们成长史上至关重要的底色。在我看来，以考试为轴心的智商的训练和培养，固然不能丢，但情商在孩子的成长中也起着至关重要的作用，是无可替代的。而读书，特别是阅读文学方面的书，恰恰是训练和培养孩子情商的最佳路径。张爱玲讲："出名要趁早。"其实，读书才更要趁早。读书的童子功，从小练就，一辈子受益无穷。

（有删改）

3. 闲读书与读闲书

⊙陈艳敏

林语堂在一篇文章里说过："什么是读书的艺术呢？简单的答案就是有心情的时候便拿起书来读。一个人读书必须出自自然，才能够彻底享受读书的乐趣。"而"有心情"和"出自自然"的阅读必须是闲下来的阅读。

喜欢读书的我包里随时都会揣上本书，闲暇的时候翻上几页，内心便会涌出许多的欢喜。

我的阅读常常不分时间、地点、场合，早上醒来，上班前的那会儿工夫，等女儿下课的间歇，出差旅行的舟车之上，或咖啡馆里的片刻小憩，假日的空闲里，都是我阅读的好时光。读书于我，仿佛就是一种内在本能的需要和生活的常态，已成为自我滋养的一种方式和感受生命花开的最自然最愉悦的途径。当怀着冲动抱起书本潜心阅读或陷入冥想的刹那，内心常会生出许多的欢喜，感受到源自生命深处的诗和音乐，继而对生活、对生命充满了由衷的感激与热爱。平静，欢愉，那是一种幸福的体验。

第三极书局倒闭之前，我常于周末带女儿去那里读书，无论是拿本书陪女儿在儿童阅览区浏览，还是结了账到书局的咖啡馆，沏杯茶或冲杯咖啡静心阅读，都是闲闲散散的愉悦心情，不急不躁，一任时光流淌，是莫大的享受。后来很遗憾地，第三极书局在书业并不景气的现实里关门了。我偶尔也到附近的中关村图书大厦看书，图书大厦四楼的文学区，有专门为读者准备的小板凳，常能看到嗜书的读者靠着大玻璃窗静坐于小板凳上悉心阅读，另外一些读者索性靠近书架席地而坐，一任阳光洒在身上、书上，那一刻的画面斯文、宁静而又安然。为融入这片亲切熟悉的氛围，我常常从书架上挑出本书自然而然地就看上了，一站一两个钟头，时间在不知不觉中就过去了，走出书店，依然是充实愉快的感觉。

女儿在读小学时，周末常需去上画画课和合唱课，将她送到地方，我常常到附近的连锁餐厅去等她，这个时间是我阅读的好时机。要一杯咖啡或柠檬茶，将事先准备好的书摊开，一泡就是两三个钟头，兴致来时还忍不住发条朋友圈“一箪食，一瓢饮，便是上好生活”，分享那一刻的心情。书籍给予我们的满足，有时真的非物质能比。当一个人内在丰盈的时候，他便不会感到外在的匮乏和不满足。沉浸于书的世界，有时还会忘记吃饭，但内心却始终充盈着无声的快乐，愉悦的情绪在内心悄悄地蔓延，脸上、心上，便都带着微笑了……

有一天不太舒服，到医院挂号，号拿到手里，看着前面密密麻麻的人，我随即跑到对面五棵松体育馆的大草坪前，坐在马路牙子边读书等候，竟也获得了意外的美好感受。

所以，悠闲的时间其实无处不在。不管时代和生活的节奏如何加快，只要愿意，闲读书的时间还是时时可以找到的。

而理想的读书境界不仅仅是闲读书，还要读闲书。

一切的闲书都是“无用”之书，不为功利所用，只是顺乎自己的性情喜好，使自己获得内在的无限的愉悦。孙郁先生在《文人的胡同》一书中说：“天底下无用的文章往往是最好读的。”“闲人闲笔，真的会胜过伟岸状的宏文。”林语堂所说的读书“须与气质相合”“必与气质相近”，强调的也是书与自我性情的吻合和接近。在他看来，世上无人人必读之书，也没有一个人必读之书，读书就是顺乎性情的一件乐事。朱小棣在《闲书闲话》中谈及的人到中年读闲书，也是一种祛除外物，回归本心的自由、自如、自在境界。

读书如交友，是讲究缘分和气场的。受缘分和气场的感召，在琳琅满目的书籍面前，人们总会倾向于选择与自己“气质相合”的那一类，这跟它是名著与否、跟它的作者是名人与否没有关系。“对的书”常常是与自己的性情相投、合自己口味的书，读这样的书我们才能获得愉悦和美感。

我读的书都不是鸿篇巨制，基本都是“无用”之书，也可以叫闲书。不是鸿篇巨制，但有浓郁的人文色彩。也许是性格的缘故，在这些闲书之中，我又独钟情散文，我的心灵与散文中的真实与真诚仿佛有着天然的呼应。在散文中我又偏爱文化、艺术随笔。像三联出版的《文房漫录》《旧时书坊》，丰子恺的《子恺谈艺》，汪曾祺的《文与画》，朱光潜的《谈美》，黄永玉的《沿着塞纳河到翡冷翠》，凡·高的《凡·高艺术书简》，冈仓天心的《茶之书》，赵珩的《老饕漫笔》，等等，都是我偏爱的那一类。我说不出它们能给我的日常生活带来什么样实际的利益，对于工作、学习也没有立竿见影的帮助，但在捧读的刹那，心中却会升起许多的愉悦和诗意，使人生笼罩在无限的美感里。

之所以说是闲书，是因为它们包含了许多自由的性质，可读可不读，喜欢就读不喜欢就不读，时机到了就读，时机不到就不读。读闲书，不像读考试用书或多或少隐含着强迫的、“不得不读”的意味，也不像读公司推荐给员工的职场书，带着管理和教化的痕迹，而是自由自在、全然由心的，让思想和灵魂可以自由放飞，使天性得到自然的舒展。而人的生命只有在自由自在、悠闲自如的土壤中才能长出蓬勃之势，饱含欢喜之情。

文人撰写的书话、读书随笔也常以“闲”字命名，如朱小棣的《闲书闲话》、杨小洲的《快雪时晴闲看书》等，从书名就烘托出闲读书、读闲书的闲散意味。而闲读书，读闲书，的确是读书的最高境界。

单元学习任务

任务一

本单元组文阅读中的三篇文章，有的写关于读书的态度，有的写个人读书的经历，有的写读书的几种境界。梳理文中的重要信息，填写下面的表格。

题目	作者对读书的态度	学到的读书方法	主要论证方法（或表达方式）	梳理文章思路（先—再—然后—最后）
不要空喊读书				
读书知味				
闲读书与读闲书				

任务二

“读书重在选择”和“读闲书”的理由各自有哪些，是否矛盾？拿起来“一字一句地认真读下去”的书有什么作用？闲下来时阅读的书又有什么作用？比较并填写下图。

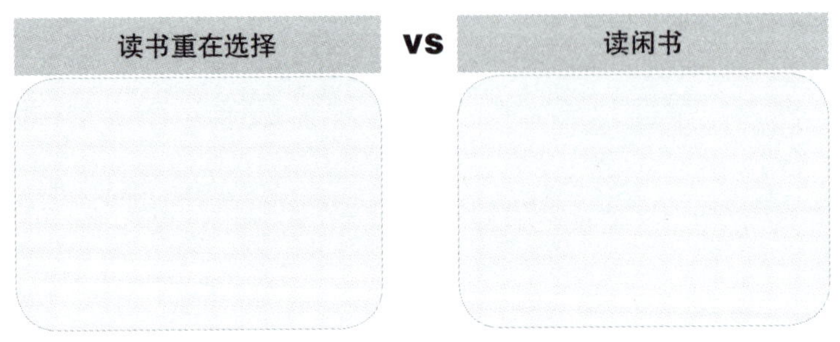

意境之美

生活中处处有美：喧闹的城市是繁华的美，宁静的村庄是淡雅的美。这世间不缺少美，缺少的是一双善于发现美的眼睛。善于体察美，能够使我们获得更高的精神享受。本单元我们精心挑选了一组美文，希望你能借助它们走入文人学者和画家营造的意境中，去体味风格各异的意境之美。

走进本单元，徜徉文字间，要留意文中优美的词句，感知作者对美的思考，跟随作者学习如何去发现美，理解美，欣赏美，进而创造美，最终提升自己的鉴赏能力与艺术品位。

1. 画里阴晴

⊙吴冠中

今春又路过故乡江苏宜兴市，热情的主人在匆忙中陪我去看灵谷洞。天微雨，主人感到有些遗憾。车窗外，雨洗过的茶场一片墨绿，像浓酣的水彩画。细看，密密点点的嫩绿新芽在闪亮；古树老干黑得像铁；柳丝分外妖柔，随雨飘摇；桃花，我立即记起潘天寿老师的题画诗“默看细雨湿桃花”，这个湿字透露了画家敏锐的审美触觉。

引用“默看细雨湿桃花”的诗句来写宜兴春雨，是为引出下文。

湿，渲染了山林、村落，改变了大自然的色调。山区的红土和绿竹，本来并不很协调，雨后，红土成了棕红色，草绿色的竹林也偏暗绿了，它们都渗进了深暗色的成分，统一于含灰的中间调里，或者说它们都含蕴着墨色了。衣服湿了，颜色变深，湿衣服穿在身上不舒服，但湿了的大自然景色却格外地有韵味。中国画家爱画风雨归舟，爱画“斜风细雨不须归”的诗境。因为雨，有些景物朦胧了，有些形象突出了，似乎那位宇宙大画家在挥写不同的画面，表达着不同的意境。

我自学过水彩画和水墨画后，便特别喜欢画阴天和微雨天的景色，我不喜欢英国古老风格的水彩画。我以往的水彩画可说是水墨画的变种，从意境和情趣方面看，模仿西洋的手法少，受益于中国画的成分多。西洋画中也有表现风雨的题材，但西洋画中是将风雨作为一种事故或大自然的变态来描写的，很少将阴雨作为一种欣赏对象的审美趣味来表现。西方风景画之独立始于印象派，印象派发源于阳光。画家们投靠阳光，说光就是画面的主人，因之一味分析色彩与阳光的物理关系，甚至说“黑”与“白”都不是色彩，而中西画家大都陶醉于阳光所刺激的强烈的色彩感，追求亮、艳、丽、华、鲜……多半是从“晴”派生出来的。

西洋画家为什么“一味分析色彩与阳光的物理关系”？他们对于阴雨的看法是什么？

曾有画油画的人说，江南不宜画油画。大概就是因为江南阴雨多，或者他那油画技法只宜对付洋式的对象。数十年来，我感到在生活中每次表现不同对象时，永远需寻找相适应的技法，现成的西方的和我国传统的技法都不很合用。浓而滞的油画里有时要吸收水分，娇艳的色彩往往须渗进墨韵……人们喜欢晴天，有时也喜欢阴天，如果阴与晴中体现了两种审美趣味，则鱼和熊掌是可以兼得的。又画油画又画水墨，我的这两个画种都不纯了，只是用了两种不同的工具而已。头发都灰白了，还拿不定主意该定居到油画布上呢，还是从此落户在水墨之乡了！

作者的中国画借鉴了西洋技法，油画中渗进了墨韵，兼取二者之长创出新技法、新风格。艺术在于创新。作者自嘲头发都灰白了，还拿不定主意，是一种自谦，其实他终生探索的，正是油画的民族化和中国画的现代化。

学习提示

作者在介绍中国画和西洋油画特点时，选择了巧妙的写作角度，从而让我们了解中国画和西洋油画的不同特点。阅读时要理清作者思路，把握文章特点。如果有兴趣的话，读一读吴冠中先生的其他文章，你会获得不一样的阅读体验。

2. 诗（文学）和画的分界

⊙宗白华

苏东坡论唐朝大诗人兼画家王维（摩诘）的《蓝田烟雨图》说："味摩诘之诗，诗中有画；观摩诘之画，画中有诗。诗曰：'蓝溪白石出，玉山红叶稀。山路元无雨，空翠湿人衣。'此摩诘之诗也。或曰：'非也，好事者以补摩诘之遗。'"

以上是东坡的话，所引的那首诗，不论它是不是好事者所补，把它放到王维和裴迪所唱和的辋川绝句里去是可以乱真的。这确是一首"诗中有画"的诗。"蓝溪白石出，玉山红叶稀"，可以画出来成为一幅清奇冷艳的画，但是"山路元无雨，空翠湿人衣"二句，却是不能在画面上直接画出来的。假使刻舟求剑似的画出一个人穿了一件湿衣服，

很多诗句是不能在画面上直接画出来的，你还能想到哪些诗句？

即使不难看，也不能把这种意味和感觉像这两句诗那样完全传达出来。好画家可以设法暗示这种意味和感觉，却不能直接画出来，这位补诗的人也正是从王维这幅画里体会到这种意味和感觉，所以用“山路元无雨，空翠湿人衣”这两句诗来补足它。这幅画上可能并不曾画有人物，那会更好地暗示这感觉和意味。而另一位诗人可能体会不同而写出别的诗句来。画和诗毕竟是两回事。诗中可以有画，像头两句里所写的，但诗不全是画。而那不能直接画出来的后两句恰正是“诗中之诗”，正是构成这首诗是诗而不是画的精要部分。

作者点明了诗与画的关系，下文中还有这样的句子，请把它找出来。

然而那幅画里若不能暗示或启发人写出这诗句来，它可能是一张很好的写实照片，却又不能成为真正的艺术品——画，更不是大诗画家王维的画了。这“诗”和“画”的微妙的辩证关系不是值得我们深思探索的吗？

宋朝文人晁补之有诗云：“画写物外形，要物形不改。诗传画外意，贵有画中态。”这也是论诗画的离合异同。画外意，待诗来传，才能圆满，诗里具有画所写的形态，才能形象化、具体化，不至于太抽象。

但是王安石《明妃曲》诗云："意态由来画不成，当时枉杀毛延寿。"他是个喜欢做翻案文章的人，然而他的话是有道理的。美人的意态确是难画出的，东施以活人来效颦西施尚且失败，何况是画家调脂弄粉。那画不出的"巧笑倩兮，美目盼兮"，古代诗人随手拈来的这两句诗，却使孔子以前的中国美人如同在我们眼面前。达·芬奇用了四年工夫画出蒙娜丽莎的美目巧笑，在该画初完成时，当也能给予我们同样新鲜生动的感受。现在我却觉得我们古人这两句诗仍是千古如新，而油画受了时间的侵蚀，后人的补修，已只能令人在想象里追寻旧影了。我曾经坐在原画前默默领略了一小时，口里念着我们古人的诗句，觉得诗启发了画中意态，画给予诗以具体形象，诗画交辉，意境丰满，各不相下，各有千秋。

先由王安石"意态由来画不成"引出美人的意态难画，但可以通过诗来呈现的观点；接着举达·芬奇《蒙娜丽莎》的例子来证明诗的意境千古如新；最后写虽然达·芬奇突破了画和诗的界限，但画和诗的分界是不能泯灭的。

达·芬奇在这画像里突破了画和诗的界限，使画成了诗。谜样的微笑，勾引起后来无数诗人心魂震荡，感觉这双妙目巧笑，深远如海，味之不尽，天才真是无所不可。但是画和诗的分界仍是不能泯灭的，也是不应该泯灭的，各有各的特殊表现力和表现领域。

…………

诗中有画，而不全是画；画中有诗，而不全是诗。诗画各有表现的可能性范围，一般地说来，这是正确的。

但中国古代抒情诗里有不少是纯粹的写景，描绘一个客观境界，不写出主体的行动，甚至于不直接说出主观的情感，像王国维在《人间词话》里所说的“无我之境”，但充满了诗的气氛和情调。我随便拈一个例证并稍加分析。

唐朝诗人王昌龄一首题为《初日》的诗云：

初日净金闺，
先照床前暖。
斜光入罗幕，
稍稍亲丝管。
云发不能梳，
杨花更吹满。

这诗里的境界很像一幅近代印象派大师的画，画里现出一座晨光射入的香闺，日光在这幅画里是活跃的主角，它从窗门跳进来，跑到闺女的床前，散发着一股温暖，接着穿进了罗帐，轻轻抚摩一下榻上的乐器——闺女所吹弄的琴瑟箫笙——枕上的如云的美发还散开着，杨花随着晨风春日偷进了闺房，亲昵地躲在那枕边的美发上。诗里并没有直接描绘这金闺少女（除非“云发”二字暗示着），然而一切的美是归于这看不见的少女的。这是多么艳丽的一幅油画呀！

《初日》这首诗给人以无限的遐想，无画胜有画，更深刻地证明了“诗中有画”。类似的古诗还有哪些？

王昌龄这首诗，使我想起德国大画家门采尔的一幅油画（门采尔的素描 1956 年曾在北京展览过），那画上也是灿烂的晨光从窗门撞进了一间卧室，乳白的光辉浸漫在长垂的纱幕上，随着落上地板，又返跳进入穿衣镜，又从镜里跳出来，抚摸着椅背，我们感到晨风清凉，朝日温煦。室里的主人是在画面上看不见的，她可能是在屋角的床上坐着。（这晨风沁人，怎能还睡？）

太阳的光
洗着她早起的灵魂，
天边的月
犹似她昨夜的残梦。

（《流云小诗》）

门采尔这幅画全是诗，也全是画；王昌龄那首诗全是画，也全是诗。诗和画里都是演着光的独幕剧，歌唱着光的抒情曲。这诗和画的统一不是和莱辛所辛苦分析的诗画分界相抵触吗？

画和诗可以把对方尽量吸进自己的艺术形式里来。

我觉得不是抵触而是补充了它，扩张了它们相互的蕴涵。画里本可以有诗（苏东坡语），但是若把画里每一根线条，每一块色彩，每一条光，每一个形都饱吸着浓情蜜意，它就成为画家的抒情作品，像伦勃朗的油画，中国元人的山水。

诗也可以完全写景，写“无我之境”。而每句每字却反映出自己对物的抚摩，和物的对话，表出对物的热爱，像王昌龄的《初日》那样，那纯粹的景就成了纯粹的情，就是诗。

但画和诗仍是有区别的。诗里所咏的光的先后活跃，不能在画画上同时表出来，画家只能捉住意义最丰满的一刹那，暗示那活动的前因后果，在画面的空间里引进时间感觉。而诗像《初日》里虽然境界华美，却赶不上门采尔油画上那样光彩耀目，直射眼帘。然而由于诗叙写了光的活跃的先后曲折的历程，更能丰富着和加深着情绪的感受。

诗的境界的华美与油画的光彩夺目构成对比，证明了诗与画是有区别的，各自有具体的物质条件，局限着各自的表现力和表现范围。

诗和画各有它的具体的物质条件，局限着它的表现力和表现范围，不能相代，也不必相代。但各自又可以把对方尽量吸进自己的艺术形式里来。诗和画的圆满结合（诗不压倒画，画也不压倒诗，而是相互交流交浸），就是情和景的圆满结合，也就是所谓“艺术意境”。

（有删节）

“艺术意境”指的是什么？

学习提示

诗是人们心里对生活的一种期待与寄托。诗与画都源于生活，是生活的艺术表现形式。读读本文，想一想诗与画在表现生活方面各自的长处是什么，尝试用表格整理一下。

课下找王维的《辋川集》读一读，体会诗与画在表现生活方面的区别和关联。

1. 中国古典诗歌的意境

⊙袁行霈

意境是中国古典美学的重要范畴。在西方文论里恐怕还难以找到一个与它相当的概念与术语。人或以为“意境”一词创自王国维，其实不然。早在王国维提倡意境说之前，已经有人使用意境一词，并对诗歌的意境做过论述。研究意境固然不能抛开王国维的意境说，但也不可为它所囿。从中国古典诗歌的创作实践出发，联系古代文艺理论，我们可以在广阔的范围内总结古代诗人创造意境的艺术经验，探索古典诗歌表现意境的艺术规律，为今天的诗歌创作和诗歌评论提供有益的借鉴。

意与境的交融

在中国古代传统的文艺理论中，意境是指作者的主观情意与客观物境互相交融而形成的艺术境界。这个美学范畴的形成，是总结了长期创作实践经验的积极成果。

较早的诗论还没有注意到创作中主客观两方面的关系。《尚书·舜典》说："诗言志。"《荀子·儒效篇》说："诗言是其志也。"《庄子·天下篇》说："诗以道志。"都仅仅把诗看作主观情志的表现。《礼记·乐记》在讲到音乐时说："凡音之起，由心生也。人心之动，物使之然也。"虽然涉及客观物境，但也只讲到感物动心为止，至于人心与物境相互交融的关系也未曾加以论述。魏晋以后，随着诗歌的繁荣，在总结创作经验的基础上，对于文学创作中主客观的关系才有了较深入的认识。陆机《文赋》已经从情思与物境互相交融的角度谈论艺术构思的过程："遵四时以叹逝，瞻万物而思纷。悲落叶于劲秋，喜柔条于芳春。心懔懔以怀霜，志眇眇而临云。"刘勰《文心雕龙·神思篇》也说：

> 故思理为妙，神与物游。神居胸臆，而志气统其关键；物沿耳目，而辞令管其枢机。

他指出构思规律的奥妙在"神与物游"，也就是作家的主观精神与客观物境的契合交融。唐代著名诗人王昌龄说，作诗要"处心于境，视境于心"，要求心与物相"感会"，景与意"相兼""相惬"，更强调了主客观交融的关系。他又说：

> 诗思有三：搜求于象，心入于境，神会于物，因心而得，曰取思。久用精思，未契意象，力疲智竭，放安神思，心偶照境，率然而生，曰生思。寻味前言，吟讽古制，感而生思，曰感思。

这里讲了诗思产生的三种过程。取思是以主观精神积极搜求客观物象，以达到心入于境；生思是并不积极搜求，不期然而然地达到心与境的照会；感思是受前人作品的启发而产生的诗思。其中，取思与生思，都是心与境的融合。《文镜秘府论·论文意》抄自传为王昌龄的《诗格》，其中也多次讲到思与境的关系。如：

> 夫置意作诗，即须凝心；目击其物，便以心击之，深穿其境。

唐末司空图在《与王驾评诗书》中讲“思与境偕”；宋代苏轼在《东坡题跋》卷二中评陶诗说“境与意会”；明代何景明在《与李空同论诗书》中讲“意象应”；王世贞在《艺苑卮言》中讲“神与境合”；清初王夫之在《姜斋诗话》中讲“心中目中”互相融浃，情景“妙合无垠”，都接触到了意境的实质。

至于“意境”这个词，在《诗格》中也已经出现了。《诗格》以意境与物境、情境并举，称三境：

> 诗有三境。一曰物境。欲为山水诗，则张泉石云峰之境，极丽绝秀者，神之于心，处身于境，视境于心，莹然掌中，然后用思，了然境象，故得形似。二曰情境。娱乐愁怨，皆张于意而处于身，然后驰思，深得其情。三曰意境。亦张之于意而思之于心，则得其真矣。

后来，明朱承爵《存余堂诗话》说：

> 作诗之妙，全在意境融彻，出音声之外，乃得真味。

清潘德舆《养一斋诗话》说：

> 《三百篇》之体制音节，不必学，不能学；《三百篇》之神理意境，不可不学也。

况周颐《蕙风词话》也说：

《云庄词·酹江月》云："一年好处，是霜轻尘敛，山川如洗。"较"桔绿橙黄"句有意境。

不过，大力标举意境，并且深入探讨了意境含义的，却是王国维。"意境"这个词也是经他提倡才流行起来的。意境，他有时称境界，《人间词话》说：

沧浪所谓兴趣，阮亭所谓神韵，犹不过道其面目，不若鄙人拈出"境界"二字，为探其本也。

言气质、言神韵，不如言境界。有境界，本也；气质、神韵，末也。有境界而二者随之矣。

这话似乎有自诩之嫌，但并不是毫无道理。中国古代诗论中影响较大的几家，如严羽的兴趣说，王士禛的神韵说，袁枚的性灵说，虽然各有其独到之处，但都只强调了诗人主观情意的一面。所谓兴趣，指诗人的创作冲动，兴致勃发时那种欣喜激动的感觉。所谓神韵，指诗人寄诸言外的风神气度。所谓性灵，指诗人进行创作时那一片真情、一点灵犀。而这些都是属于诗人主观精神方面的东西。王国维高出他们的地方，就在于他不仅注意到诗人主观情意的一面，同时又注意到客观物境的一面；必须二者交融才能产生意境。他在《人间词乙稿序》中说：

文学之事，其内足以摅己，而外足以感人者，意与境二者而已。上焉者意与境浑，其次或以境胜，或以意胜。苟缺其一，不足以言文学。

在《人间词话》里他又说：

能写真景物、真感情者，谓之有境界，否则谓之无境界。

有造境，有写境，此“理想”与“写实”二派之所由分。然二者颇难分别，因大诗人所造之境必合乎自然，所写之境亦必邻于理想故也。

境界乃是由真景物与真感情两者合成。理想中有现实，现实中有理想，造境和写境都是主客观交融的结果。王国维在前人的基础上，多方面探讨了意境的含义，深入揭示了诗歌创作的契机，建立了一个新的评论诗歌的标准，从而丰富了中国的诗歌理论。他的贡献是应当充分肯定的。

一枕黄粱

出自《枕中记》。相传，唐代有位卢生进京赶考，结果功名不就。返乡途中，卢生在客店里遇见一个道士，他自叹贫困，道士便拿出一个瓷枕头让他枕上，这时店主人开始做黄粱饭。卢生倚枕而卧，梦到自己儿孙满堂，享尽荣华富贵。临命终时一惊而醒，左右一看，一切如故，店主人蒸的黄粱饭还没熟呢！他恍然大悟，明白了“人生富贵荣华如同一梦”的道理。

【典意】原比喻人生虚幻，后比喻不能实现的梦想。

2. 话说中国画

⊙冯骥才

中国画在世界上是独一无二的。这不仅因其历史深厚久远，大师巨匠其众如林，传世名作浩似烟海，更重要的是它异常独特，且具鲜明的民族个性。中华民族独有的宇宙观、哲学观、艺术观、审美观，顽强地表现其间；把其他任何民族的绘画与其放在一起，都迥然不同，立时可见；中国画独放异彩。

中国画自它诞生之日始，就不以追摹自然形态为能事，而把表现物象的精神作为目的。在形与神的关系上，认为"论画以形似，见与儿童邻"（苏轼语），主张"以形写神"（顾恺之语）。哪怕所画的形态在"似与不似之间"（齐白石语），也要把内在的精神表现出来，这就使中国画家的注意力始终投射在事物内在的、深层的、本质的层面上。唐宋两代，繁盛迷人的社会生活征服了画家，严谨认真写实的画风因之盛行一时，但捕捉物象精神仍是绘画的最高追求。同时，一些修养渊深的文人介入绘画，他们强调情感抒发与个性张扬，绘画的精神内涵得到进一步充实与开拓。文人们还主张“诗是无形画，画是有形诗”，提倡“书画同源”，这样就把诗的深刻境界与书法的审美品格带入绘画，促使独具魅力的中国画艺术特征的形成。

诗对画的首要影响，是使画家不受自然物象的时空局限，凝练升华，联想自由，去构造更加动人和感人的艺术境界。诗的洗练、隽永、含蓄和韵味，使绘画更注重“虚”的成分，更讲究“空白”的运用，更致力于笔墨的精练与意趣。文学中常见的象征、比喻、夸张、拟人等手法，被带入绘画后，绘画的表现力更大大地增强。这也是明清以来大写意画的主要艺术手法。

书法是中国特有的、纯形式的艺术。在书法中，整体的布局，字的形态与架构，乃至一点一画，无不充溢着形式感；笔的疾缓、刚柔、巧拙、藏露，墨的枯润、饱渴、轻重、浓淡，一方面直抒作者的情感与思绪，一方面传达审美的精神与理想。中国的绘画与书法都使用毛笔，中国画又是以线造型，线条是画面的骨架，书法的笔墨便自然而然地过渡到绘画中来，不仅提高了绘画用笔的技法和能力，也丰富了绘画的笔情墨趣和形式美。尤其通过了苏轼、文同、赵孟頫等人的努力，将书法引入绘画，使元以来绘画的面貌幡然一变，全然改观了。

元朝以来的中国画，还兴起在画面上题写诗文。画面既是绘画作品，也是书法作品，又是可读的文学作品，再加上篆刻印章，所谓“诗、书、画、印”一体，构成中国画独具的形式美。

这对画家的修养也有了更高和更全面的要求。画家多是工诗善书、兼精治印的“通才”。

中国画的主要工具材料是纸、笔、墨。最早的中国画大多画在绢上，宋元以来渐渐搬到纸上来。纸的种类很多，大致分为生熟两类：熟宣纸类是用矾水刷过的，不渗水，适于画精整而细致的工笔画；生宣纸吸水性强，不易掌握，但把水墨铺展上去，变幻无穷，故宜于挥洒淋漓多趣的写意画。笔的种类更是不可胜数，粗分可分为三类，一是笔锋刚健的狼毫类，二是锋毛柔软的羊毫类，三是兼用狼毫与羊毫混制而成，笔性刚柔相济的兼毫类。画家根据所要画的物象的形态和质感选择不同的毛笔，往往一幅画要用多种类型的笔。一枝毛笔锋毫的散聚，含水蘸墨的多少，全由画家根据需要控制；使用笔锋的不同部位——中锋、侧锋、逆锋等，效果全然不同。每个画家都有自己习惯的用笔方法，这也是构成画家风格的重要因素。中国画上最主要的颜色是黑色。中国画说“墨分五色”，即用浓淡不同的墨色作画，常常不附加其他颜色，也一样可以表现物象的丰富性。中国画家在用墨上积累了很多经验，有的画家以独到的墨法自成一家。有时，画面加入其他颜色。早期的中国画所用颜色多为矿物质原料，如朱砂、石青、石绿、石黄、赭石、铅粉等，覆盖性强，色彩浓艳，经久不变，故当时中国画多为单线平涂，画面具有强烈的装饰效果；后来，渐多采用植物和矿物颜料，如花青、藤黄、胭脂、朱砂等，能被水溶解，互相调配，色泽接近自然，并能与墨结合，相辅相成，色调典雅；偶有画面，只用颜色，不用墨色，谓之“没骨”。骨即墨色，可见墨在中国画中至关重要、无可替代的位置。可以说，没有墨就没有中国画。

中国画的分类非常繁杂，名称极多。从题材内容上，习惯分为人物、山水、花鸟、楼台、走兽、博古等；从画面笔墨繁简的程度上分为写意、工笔、大写意、半工半写等；从设色上分为青绿、金碧、浅绛、水墨等；从技法上分为白描、双钩、单线平涂、泼墨等。中国画在画成之后，要经过装裱工序。一经裱褙，绫托锦衬，高贵大方，并具有很强的赏玩性。中国画的装裱十分考究，款式繁多，一般分为卷轴、镜片、扇面、斗方、册页等，卷轴画中又分为中堂、条幅、对屏、通景等。中国画常常把装裱款式上的分类作为第一位的。

现今留下的最早的绘画，是画在山岩峭壁上，距今五千年以上；后来渐渐移到绢素上，成为单纯观赏性的艺术。开头是无名的工匠为之，此后才有专事绘画的画家出现，此时距今也有两千年了。中国绘画历经许多朝代，在历史江河的百转千折中，涌现出无数照耀古今的杰出画家和名重一时的流派。时风的变迁，致使绘画的面貌不断翻新；名家大师们独来独往、各立一帜，又使画坛千姿百态，形成了举世皆知、漫长悠远、异彩纷呈的中国绘画历史。

单元学习任务

任务一

“意境”一词，在我们学习诗词的时候常常被提及，似乎抽象不可捉摸。读完本单元相关文章，试试拆词理解，分别说说“意”“境”各指什么，提升自己对诗歌的鉴赏能力。

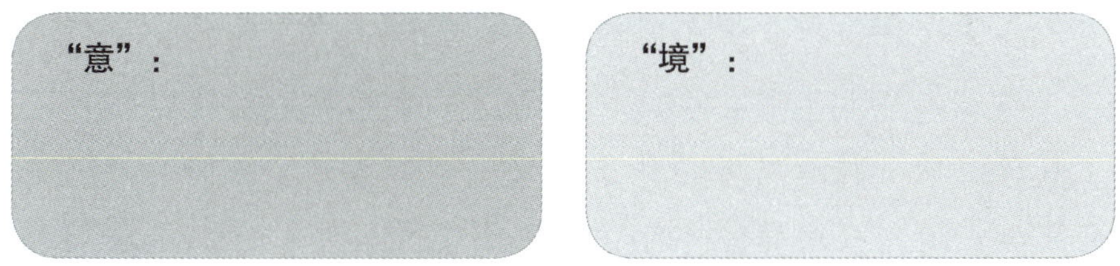

任务二

为帮助大家了解中国画，班级计划开展以“我了解的中国画”为主题的手抄报评比活动，请你填充结构图，设计自己的手抄报。

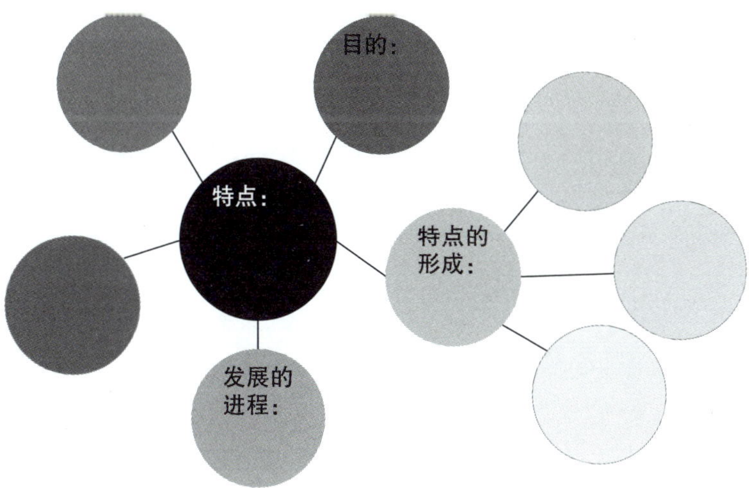

含蓄之美

“含蓄”是一种艺术的表达，所谓“不着一字，尽得风流”。从古至今，诗文中的言外之意，书法与绘画中的留白，都引发了读者、观赏者更广阔的想象，具有独到的审美价值。我们希望本单元文章可以帮你更加深刻地理解中国诗歌中那含而不露、耐人寻味的“含蓄之美”。阅读本单元文章，可以培养审美情趣，提高艺术修养。

阅读时，我们不仅要学会发现疑难问题，独立思考，有自己的见解，还要学习文中介绍的文艺欣赏方法，并运用到自己的欣赏实践中。

1. 论　美

⊙〔英国〕弗朗西斯·培根

美德就像一块绝美的宝石，只有用朴素的背景作为衬托才显得主次分明；就像一位德高望重的人，绝不会把自己打扮得妖娆艳丽，因为那样反而使他的光芒顿失。

造物主也许是极其公平的，也许是极其吝啬的，总之他不会把所有的好东西都集中到一个人身上。拥有美貌的人，不一定涵养丰富。因为他们将时间和精力主要花在了外在美的追求上，自然便忽略了内在的修养。当然，这话也并不绝对，世间内外兼修的少数人也是有的。比如奥古斯都、菲斯帕斯、腓力四世、爱德华四世、阿尔西巴底斯、伊斯梅尔等，他们既是灵魂上的英雄，又是美男子。

仔细分辨不难判定，形体之美胜于颜色之美，优雅的行为之美又胜于形体之美。最好的美是任何一个画家都无法表现的，它是造物主神秘的心意。它超越一切描述的语言，也超越世间一切恒定的规则。曾经有两位画家，试图画出世上最美的人像。

他们中的一个，按照几何学上的比例来画人。另一个则攫取不同人面孔上最美的部分，通过组合来创造一张完美的脸。当然，这两位画家的行为本身就是可笑的，他们不可能“画”出有灵动气息的美人图。创造美的，不是规范、公式，而是灵感。

年轻人犹如初春的草木，朝气蓬勃，具有最饱满的肌肤和强健的体格,但是往往由于缺乏优雅的内在修为,而得不到赞美。而有些中老年人，尽管岁月带走了他们年轻气盛的风采，但是他们作风优雅，让人觉得舒适自在，这便是一种需要体悟的美。正如拉丁谚语：“秋色最美。”

美好的容颜，是盛夏的水果，保鲜难变质易。美貌的人不难寻，但是他们往往有着放纵的青春和追悔莫及的老年。只有把美的外在与美的德行结合起来，才会拥有真正持久的美。

（樊彤 / 译）

2. 诗中有科学

⊙叶永烈

俗话说：三句话不离本行。这话不假。

记得一位电影导演读唐诗，对杜牧的《山行》一诗进行分镜头：“远上寒山石径斜”是远景，“白云生处有人家”是全景，“停车坐爱枫林晚”是中景，而“霜叶红于二月花”则是特写。他还认为李白的名作《静夜思》后两句属“主观镜头”——“举头望明月”是仰视镜头，“低头思故乡”是俯视镜头。

位画家读古诗，则喜欢分析诗中的色彩，她以为“万绿丛中一点红”“一枝红杏出墙来”是强调了暖色调，而用冷色调为衬托。“白毛浮绿水，红掌拨清波”，把鹅在水中那鲜明的色彩写得多么逼真。而苏轼的“黑云翻墨未遮山，白雨跳珠乱入船”则是一幅水墨国画。

我很喜欢李贺那首充满幻想色彩的《梦天》。诗人做起南柯之梦，翩翩然在太空中遨游，他“回头下望尘寰处”，看到什么景色呢？啊，“遥望齐州九点烟，一泓海水杯中泻”！原来，他看到中国九州就像九个烟点子似的，而大海仿佛杯中的一汪清水。此景此情，犹如宇航员在太空中所见到的那样真切。然而，李贺生活在唐朝，终生未离开过地球，也从未听说过什么“宇宙航行”，况且他只活了二十六岁。我反复吟诵《梦天》，深深佩服这位青年诗人那丰富的科学想象力！

我以为王之涣的名句“欲穷千里目，更上一层楼”，是严格符合几何定律的。确实，“望远必须登高，登高方能望远”。观察点越高，可见范围越大、越广，即所谓“会当凌绝顶，一览众山小”（杜甫《望岳》）。古时候，人们修造高高的烽火台，后来人们打仗首先抢占制高点，直到如今人们利用飞机、人造卫星那“高度优势”进行侦察、勘查、摄影，其中的科学原理，岂不与王之涣的诗句属于“同理”！

辛弃疾在农村闲居了二十多年，他的词中富有农业知识，《西江月》中的“稻花香里说丰年，听取蛙声一片”，揭示了“蛙声”与“丰年”之间的有机联系。青蛙俗称“护谷虫”，是一员捕虫大将。蛙声不息，除虫去害，便使稻花飘香，五谷丰登。在《鹧鸪天》中，辛弃疾写下了“陌上柔桑破嫩芽，东邻蚕种已生些”这样清新的句子，表明宋朝已经深知养蚕技艺，很善于掌握孵蚕、养蚕的季节。

杜甫在《赠卫八处士》一诗中，有一句并不引人注目的诗——“夜雨剪春韭”。我觉得，从这五个字中，可以考证出许多关于唐朝种植韭菜的知识：一、韭菜俗称“懒人菜”。种一次，割多次。唐朝种韭菜，已懂得韭菜是多年生草本，可以剪了长，长了剪，而不是连根拔掉收下来。二、唐朝时已知春天的韭菜鲜嫩好吃，而且懂得在春雨绵绵的夜间去剪，那时剪下的韭菜水灵灵的，可作佳肴。

有趣的是，我还常发现，有的诗句从文学上讲是难得的佳句，从科学上考证则不尽然。如李白《将进酒》一诗开头两句，曾为多少人所传诵——“君不见黄河之水天上来，奔流到海不复回”，其实，“奔流到海”变为水蒸气后，还是“复回”了，依旧从“天上来”，落进黄河，再“奔流到海”，如此循环不已。

中国是诗的国度。多少年来，多少诗人“各领风骚数百年”，写下多少长诗短句。然而，人们习惯地只从文学的角度审诗、选诗、注诗、评诗。其实，诗中也有科学，我们不妨换个角度，用科学的眼光来审诗、选诗、注诗、评诗。

（有删节）

3. 美与同情

⊙丰子恺

安哥儿到我的房间里，便给我整理东西。他看见我的挂表的面合覆在桌子上，给我翻转来。看见我的茶杯放在茶壶的环子后面，给我移到口子前面来。看见我床底下的鞋子一顺一倒，给我掉转来。看见我壁上的立幅的绳子拖出在前面，搬了凳子，给我藏到后面去。我谢他：

“安哥儿，你这样勤勉地给我收拾！”

他回答我说：

“不是，因为我看了那种样子，心情很不安适。”是的，他曾说：“挂表的面合覆在桌子上，看它何等气闷！”“茶杯躲在它母亲的背后，教它怎样吃奶奶？”“鞋子一顺一倒，教它们怎样谈话？”“立幅的辫子拖在前面，像一个老顽固。”我实在钦佩安哥儿的同情心的丰富。从此我也着实留意于东西的位置，体谅东西的安适了。它们的位置安适，我们看了心情也安适。于是我恍然悟到，这就是美的心境，就是文学的描写中所常用的手法，就是绘画的构图上所经营的问题。这都是同情心的发展。普通人的同情只能及于同类的人，或至多及于动物；但艺术家的同情非常深广，与天地造化之心同样深广，能普及于有情、非有情的一切物类。

于是我就请教他：

“安哥儿，你的行为很有意思！你心中一定有很妙的道理，请讲一点给我听听！”

他不肯讲，我只得自己想了一想。次日到高中艺术科上课，就对他们作这样的一番讲话：

世间的物有各种方面，各人所见的方面不同。譬如一株树，在博物家，在园丁，在木匠，在画家，所见各人不同。博物家见其性状，园丁见其生息，木匠见其材料，画家见其姿态。

但画家所见的，与前三者又根本不同。前三者都有目的，都想起树的因果关系；画家只是欣赏目前的树本身的姿态，而别无目的。所以画家所见的方面，是美的世界，不是真、善的世界。美的世界中的价值标准，与真、善的世界中全然不同，我们仅就事物的形状、色彩、姿态而欣赏，更不顾问其实用方面的价值了。

所以一枝枯木，一块怪石，在实用上全无价值，而在中国画家是很好的题材。无名的野花，在诗人的眼中异常美丽。故艺术家所见的世界，可说是一视同仁的世界，平等的世界。艺术家的心，对于世间一切事物都给以委屈而热烈的同情。

故普通世间的价值与阶级，入了画中便全部撤销了。画家把自己的心移入于儿童的天真的姿态中而描写儿童，又同样地把自己的心移入于乞丐的病苦的表情中而描写乞丐。画家的心，必常与所描写的对象相共鸣共感，共悲共喜，共泣共笑。倘不具备这种深广的同情心，而徒事手指的刻画，决不能成为真的画家。即使他能描画，所描的至多仅抵一幅照相。

画家须有这种深广的同情心，故大艺术家必是大人格者。艺术家的同情心，不但及于同类的人物而已，又普遍地及于一切生物、无生物。犬马、花草，在美的世界中均是有灵魂而能泣能笑的活物了。诗人常常听见子规的啼血，秋虫的促织，看见桃花的笑东风，蝴蝶的送春归。用实用的头脑看来，这些都是诗人的疯话。其实我们倘能身入美的世界中，而推广其同情心于万物，就能切实地感到这些情景了。画家与诗人是同样的，不过画家注重其形色、姿态的方面而已。没有体得龙马的泼力，不能画龙马，没有体得松柏的劲秀，不能画松柏。中国古来的画家都有这样的明训。西洋画何独不然？我们画家描一个花瓶，必其心移入于花瓶中，自己化作花瓶，体得花瓶的力，方能表现花瓶的精神。我们的心要能与朝阳的光芒一同放射，方能描写朝阳；能与海波的曲线一同跳舞，方能描写海波。这正是“物我一体”的境涯，万物皆备于艺术家的心中了。

在这里我们不得不赞美儿童了。因为儿童大都是最富于同情的，且其同情不但及于人类，又自然地及于猫犬、花草、鸟蝶、鱼虫、玩具等一切事物。他们认真地对猫犬说话，认真地和花接吻，认真地和人像（doll）玩耍，其心比艺术家的心真切而自然得多！他们往往能注意大人们所不能注意的事，发现大人们所不能发现的点。所以儿童的本质是艺术的。换言之，即人类本来是艺术的，本来是富于同情的。只因长大起来受了世智的压迫，把这点心灵阻碍或消磨了。唯有聪明的人，能不屈不挠，外部即使饱受压迫，而内部仍旧保藏着这点可贵的心。这种人就是艺术家。

西洋艺术论者论艺术的心理，有“感情移入”之说。所谓感情移入，就是说我们对于美的自然或艺术品，能把自己的感情移入于其中，没入于其中，与之共鸣共感，这时候就经验到美的滋味。我们又可知这种自我没入的行为，在儿童的生活中为最多。他们往往把兴趣深深地没入在游戏中，而忘却自身的饥寒与疲劳。小孩子真是人生的黄金时代！我们的黄金时代虽然已经过去，但我们可以因了艺术的修养而重新面见这幸福、仁爱而和平的世界。

（有删节）

品文谈艺

艺术鉴赏是人们在接触艺术作品过程中产生的审美评价和审美享受活动，也是人们通过艺术形象认识客观世界的一种思维活动。艺术鉴赏充满着感情与想象，充满着审美的再创造，能满足人们的审美需求，帮助人们陶冶情操，增长知识。

然而，正如叶圣陶说的：“文艺鉴赏不是一桩特别了不起的事，不是只属于读书人或者文学家的事。”在这个单元中，我们选取的一组文章可以教你如何进行属于你自己的艺术鉴赏。

阅读本单元文章，我们不仅要通过作者的遣词造句理解文章的深刻内涵，还要在阅读中研究、思考，在先贤名家的精神熏陶下不断完善自我，探索更广阔的精神世界。

1. 要认真阅读

⊙叶圣陶

文艺鉴赏不是一桩特别了不起的事，不是只属于读书人或者文学家的事。

我们苏州地方流行着一首儿歌：

> 咿呀咿呀踏水车。水车沟里一条蛇，游来游去捉虾蟆。虾蟆躲（原音“伴”，意义和“躲”相当，可是写不出这个字来）在青草里，青草开花结牡丹。牡丹娘子要嫁人，石榴姊姊做媒人。桃花园里铺“行家”（嫁妆），梅花园里结成亲。……

儿童唱着这个歌，仿佛看见春天田野的景物，一切都活泼而有生趣：水车转动了，蛇游来游去了，青草开花了，牡丹做新娘子了。因而自己也觉得活泼而有生趣，蹦蹦跳跳，宛如郊野中一只快乐的小绵羊。这就是文艺鉴赏的初步。

另外有一首民歌，流行的区域大概很广，在一百年前已经有人记录在笔记中间了，产生的时间当然更早。

> 月儿弯弯照九州。几家欢乐几家愁？

几家夫妇同罗帐？几个飘零在外头？

唱着这个歌，即使并无离别之感的人，也会感到在同样的月光之下，人心的欢乐和哀愁全不一致。如果是独居家中的妇人，孤栖在外的男子，感动当然更深。回想同居的欢乐，更见离别的难堪，虽然头顶上不一定有弯弯的月儿，总不免簌簌地掉下泪来。这些人的感动，也可以说是从文艺鉴赏而来的。

可见文艺鉴赏是谁都有份的。但是要知道，文艺鉴赏不只是这么一回事。

文艺中间讲到一些事物，我们因这些事物而感动，感动以外，不再有别的什么。这样，我们不过处于被动的地位而已。我们应该处于主动的地位，对文艺要研究，考察。它为什么能够感动我们呢？同样讲到这些事物，如果说法变更一下，是不是也能够感动我们呢？这等问题就涉及艺术的范围了。而文艺鉴赏正应该涉及艺术的范围。

在电影场中，往往有人为着电影中生离死别的场面而流泪。但是另外一些人觉得这些场面只是全部情节中的片段，并没有什么了不起，反而对于某景物的一个特写、某角色的一个动作点头赞赏不已。这两种人中，显然是后一种人的鉴赏程度比较高。前一种人只被动地着眼于故事，看到生离死别，设身处地一想，就禁不住掉下泪来。后一种人却着眼于艺术，他们看出了一个特写、一个动作对于全部电影所加增的效果。

还就看电影来说。有一些人希望电影把故事交代得清清楚楚，例如剧中某角色去访朋友，必须看见他从家中出来的一景，再看见他在路上步行或者乘车的一景，再看见他走进朋友家中去的一景，然后满意。如果看见前一景那个角色在自己家里，后一景却和朋友面对面谈话了，他们就要问："他门也没出，怎么一会儿就在朋友家中了？"像这样不预备动一动天君[①]的人，当然谈不到什么鉴赏。

散场的时候，往往有一些人说那个影片好极了，或者说，紧张极了，巧妙极了，可爱极了，有趣极了——总之是一些形容词语。另外一些人却说那个影片不好，或者说，一点不紧凑，一点不巧妙，没有什么可爱，没有什么趣味——总之也还是一些形容词语。像这样只能够说一些形容词语的人，他们的鉴赏程度也有限得很。

文艺鉴赏并不是摊开了两只手，专等文艺给我们一些什么。也不是单凭一时的印象，给文艺加上一些形容词语。

文艺中间讲到一些事物，我们就得问：作者为什么要讲到这些事物？文艺中间描写风景，表达情感，我们就得问：作者这样描写和表达是不是最为有效？我们不但说了个"好"就算，还要说得出好在哪里，不但说了个"不好"就算，还要说得出不好在哪里。这样，才够得上称为文艺鉴赏。这样，从好的文

① 天君：指思维器官"心"。战国末期思想家荀子的用语。《荀子·天论》："心居中虚，以治五官，夫是之谓天君。"认为"天君"是管理"天官"，即耳、目、口、鼻、形体等感觉器官的。

艺得到的感动自然更深切。文艺方面如果有什么不完美的地方，也会觉察出来，不至于一味照单全收。

鲁迅的《孔乙己》，现在小学高级和初级中学都选作国语教材，读过的人很多了。匆匆读过的人说："这样一个偷东西被打折了腿的瘪三，写他有什么意思呢？"但是，有耐心去鉴赏的人不这么看，有的说："孔乙己说回字有四样写法，如果作者让孔乙己把四样写法都写出来，那就索然无味了。"有的说："这一篇写的孔乙己，虽然颓唐、下流，却处处要面子，处处显示出他所受的教育给予他的影响，绝不同于一般的瘪三，这是这一篇的出色处。"有一个深深体会了世味的人说："这一篇中，我以为最妙的文字是'孔乙己是这样的使人快活，可是没有他，别人也便这么过'。这个话传达出无可奈何的寂寞之感。这种寂寞之感不只属于这一篇中的酒店小伙计，也普遍属于一般人。'也便这么过'，谁能跳出这寂寞的网罗呢？"

可见文艺鉴赏犹如采矿，你不动手，自然一无所得，只要你动手去采，随时会发现一些晶莹的宝石。

这些晶莹的宝石岂但给你一点赏美的兴趣，并将扩大你的眼光，充实你的经验，使你的思想、情感、意志往更深更高的方面发展。

好的文艺值得一回又一回地阅读，其原因在此。否则明明已经知道那文艺中间讲的是什么事物了，为什么再要反复阅读？

另外有一类也称为文艺的东西，粗略地阅读似乎也颇有趣味。例如说一个人为了有个冤家想要报仇，往深山去寻访神仙。

神仙访到了，拜求收为徒弟，从他修习剑术。结果剑术练成，只要念念有词，剑头就放出两道白光，能取人头于数十里之外。于是辞别师父，下山找那冤家，可巧那冤家住在同一的客店里。三更时分，人不知，鬼不觉，剑头的白光不必放到数十里那么长，仅仅通过了几道墙壁，就把那冤家的头取来，藏在作为行李的空皮箱里。深仇既报，这个人不由得仰天大笑。——我们知道现在有一些少年很欢喜阅读这一类东西。如果阅读时候动一动天君，就觉察这只是一串因袭的肤浅的幻想。除了荒诞的传说，世间哪里有什么神仙？除了本身闪烁着寒光，剑头哪里会放出两道白光？结下仇恨，专意取冤家的头，其人的性格何等暴戾？深山里住着神仙，客店里失去头颅，这样的人世何等荒唐？这中间没有真切的人生经验，没有高尚的思想、情感、意志作为骨子。说它是一派胡言，也不算过分。这样一想，就不再认为这一类东西是文艺，不再觉得这一类东西有什么趣味。读了一回，就大呼上当不止。谁高兴再去上第二回当呢？

可见阅读任何东西不可马虎，必须认真。认真阅读的结果，不但随时会发现晶莹的宝石，也随时会发现粗劣的瓦砾。于是收取那些值得取的，排除那些无足取的，自己才会渐渐地成长起来。

取着走马看花的态度的，决谈不到文艺鉴赏。纯处于被动的地位的，也谈不到文艺鉴赏。

要认真阅读。在阅读中要研究，考察。这样才可以走上文艺鉴赏的途径。

2. 鱼的艺术（节选）

⊙沈从文

中国海岸线长，江河湖泊多，鱼类品种格外丰富。因此，人民采用鱼形作艺术装饰图案，历史也相当悠久。近年中国科学院考古所，在陕西西安半坡村，约公元前四五十世纪的村落遗址中，就发现一个陶盆，黑彩绘活泼生动鱼形。河南安阳，公元前13世纪的商代墓葬中出土青铜盘形器物，也常用鱼形图案作主要装饰。这个时期和稍后的西周墓葬中，还大量发现过二三寸长薄片小玉鱼，雕刻得简要而生动，尾部锋利如刀，当时或作割切工具使用，佩戴在贵族衣带间。公元前6世纪的春秋时代，流行编成组列的佩玉，还有一部分雕成鱼形，部分发展而成为弯曲龙形。照理说，鱼龙变化传说也应当产生于这个时期。公元前2世纪，秦汉之际青铜镜子，镜背中心部分，常有十余字铭文，作吉祥幸福话语，末后必有两个小鱼并列，因为鱼余同音，象征“富贵有余”的幸福愿望。公元前2世纪的汉代，这种风俗更加普遍，人们使用的青铜面盆，多铸造于西南朱提堂狼郡，内部主要装饰，就多作两只美丽活泼的大鱼。此外，女子缝纫用的青铜熨斗，照明的灯台，喝酒用的椭圆形羽觞，上面也常使用这种图案。当时陕西河南一带贵族墓葬，正流行使用一种长约一米的大型空心砖堆砌墓室，砖上有种种花纹，双鱼纹也常发现。丝绸上起始用鱼形图案。私人用小印章也有作小鱼形的。可见美术上的应用，已日益普遍。主题象征意义是“有余”。中国是个广大农业地区的国家，希望生产有余正是人之常情。战国时哲学家庄周，曾写过一篇抒情小品文，赞美过鱼在水中的快乐。公元二三世纪间，又有一首南方民歌，更细致素朴描写到水池中荷花下的鱼的游戏：

江南可采莲，莲叶何田田。
鱼戏莲叶东，鱼戏莲叶西，
鱼戏莲叶南，鱼戏莲叶北。

从此以后，“如鱼得水”转成了夫妇爱情和好的形容。但普遍反映于一般造型艺术上，却晚到10世纪左右才出现。

公元7世纪后的唐代，鱼形的应用，转到两个方面，十分特殊。一个是当时镀金铜锁钥，必雕铸成鱼形，叫作“鱼钥”，是当时一种普遍制度，大至王宫城门，小及首饰箱箧，无不使用。用意是鱼目日夜不闭，可以防止盗窃。其次是政府和地方官吏之间，常用一种三寸长铜质鱼形物，作为彼此联系凭证，上铸文字分成两半，一存政府，一由官吏本人收藏，调动人事时就合符为证。官吏出入宫廷门证，也作鱼形，通称“鱼符”。

中等以上官吏，多腰佩“鱼袋”，这种鱼袋向例由政府赏赐，得到的算是一种荣宠，通称“紫金鱼袋”，真正东西我们还少见到。宋代尚保存这个制度。可是从宋画宋俑服饰上，还少发现使用鱼袋形象。又唐代已盛行国家考试制度，有一定文学水平的平民渴望通过考试转成政府官吏。汉代以来风俗相传，黄河中部有大悬瀑，名叫“龙门”，鱼类能跳跃上去的，就可变龙。所以当时人能见得名流李膺的，以为是登龙门。唐代考试多由达官贵族操纵，人民获中机会并不多，因此，人民也借用它来做比喻，考试及格的和鱼上升龙门一样。“鲤鱼跳龙门”于是成为一般幸运象征和追求幸运的形容。因此成为一般艺术主题，民间刺绣也起始用它作主题。公元10世纪的宋代，考试制度有进一步发展，图案应用因此更加广泛。

这个时期，在中国浙江龙泉烧造的世界著名的翠绿色瓷器，小件盘碟类，还多沿袭汉代习惯，中心加二小鱼作装饰。江西景德镇的影青瓷，和北方的定州白瓷，和一般民间瓷，鱼的图案应用更加多了些，意义因此也略有不同。在盘碗中的，多当成纯艺术表现。若用到瓷枕上，或上面加些莲荷，实沿袭“采莲辞”本意，喻夫妇爱情“如鱼得水”。又有在青铜镜子上浮雕双鱼腾跃的，用意相同。现实主义的绘画，正扩大题材范围，还出了几个画鱼名家，如刘寀等，作品表现鱼在水中悠游自得的乐趣，千年来还活泼如生，丰富了中国绘画的内容。后来八大、恽南田，直到近代白石老人，还一脉相承，以此名家。在高级丝织物部门，纺织工人又创造了鱼形图案的“鱼藻锦”，金代还作为官诰包首。宋代重视元宵灯节，过年灯节时，全国儿童照风俗都玩龙灯和彩色鱼形灯。文献中也有了人工培养观赏红鱼的记载。杭州已因养金鱼而著名。

元代有部《饮膳正要》书籍，部分记载各种可吃的鱼，还有很好的插图，没有提到金鱼，可知当时统治者虽好吃，而且有许多怪吃法，但是还不到吃金鱼的程度。

公元 15 世纪的明代，绸缎中的鱼锦图案有了发展。国家织造局专织一种飞鱼形衣料，做不成形龙样，有一定品级才许穿，名“飞鱼服”。到十六七世纪的明代晚期，杭州玉泉观鱼，已成西湖十景之一。北京金鱼池则已成宫廷养金鱼处，江西景德镇烧瓷工人，嘉靖万历时发明的五彩瓷，起始用红鱼做主题图案。当时宫廷需要大件瓷器中，大鱼缸种类增多，因此，政府在江西特设“龙缸窑”，专烧龙纹大鱼缸。反映宫廷培养金鱼已成习惯，鱼的品种也日益增多。但是这时期的鱼缸留下虽多，造型艺术中，十分奇特美观的金鱼形象留下的可并不多。北京郊区发掘出的几具绘有五彩红鱼的大罐，鱼的样子还和朱鲤差不多。

3. 蔡元培论艺术（节选）

⊙蔡元培

建　筑

人之生也，不能无衣、食与宫室。而此三者，常于实用以外，又参以美术之意味。如食物，本以适口腹也，而装置又求其悦目；衣服，本以御寒暑也，而花样常见其翻新；宫室，本以庇风雨也，而建筑之术，尤于美学上有独立之价值焉。

建筑者，集众材而成者也。凡材品质之精粗，形式之曲直，皆有影响于吾人之感情。及其集多数之材，而成为有机体之组织，则尤有以代表一种之人生观。而容体气韵，与吾人息息相通焉。

吾国建筑之中，具美术性质者，略有七种：

一曰宫殿。古代帝王之居处与陵寝，及其他佛寺、道观等是也。率皆四阿而重檐，上有飞甍，下有崇阶，朱门碧瓦，所以表尊严富丽之观者也。

二曰别墅。萧斋邃馆，曲榭回廊，间之以亭台，映之以泉石，宁朴毋华，宁疏毋密，大抵极清幽潇洒之致焉。

三曰桥。叠石为穹隆式，与罗马建筑相类。唯罗马人广行此式，而我国则自桥以外罕用之。

四曰城。叠砖石为之，环以雉堞，隆以谯门，所以环卫都邑也。而坚整之概，有可观者，以万里长城为最著。

五曰华表。树于陵墓之前，间用六面形，而圆者特多，冠以柱头，承以文础，颇似希腊神祠之列栏；而两相对立，则又若埃及之方尖塔然。

六曰坊。所以旌表名誉，树于康衢或陵墓之前，颇似欧洲之凯旋门；唯彼用穹形，而我用平构，斯其异点也。

七曰塔。本诸印度而参以我国固有之风味，有七级、九级、十三级之别。恒附于佛寺，与欧洲教堂之塔相类；唯常于佛殿以外，呈独立之观，与彼方之组入会堂结构者不同。

要之，我国建筑，既不如埃及式之阔大，亦不类哥特式之高骞。而秩序谨严，配置精巧，为吾族数千年来守礼法、尚实际之精神所表示焉。

图　画

吾人视觉之所得，皆面也。赖肤觉之助，而后见为体。建筑、雕刻，体面互见之美术也。其有舍体而取画，而于面之中，仍含有体之感觉者，为图画。

体之感觉何自起？曰：起于远近之比例，明暗之掩映。西人更益以绘影写光之法，而景状益近于自然。

图画之内容：曰人，曰动物，曰植物，曰宫室，曰山水，曰宗教，曰历史，曰风俗。既视建筑雕刻为繁复，而又含有音乐及诗歌之意味，故感人尤深。

图画之设色者，用水彩，中外所同也。而西人更有油画，始于“文艺中兴”时代之意大利，迄今盛行。其不设色者，曰水墨，以墨笔为浓淡之烘染者也；曰白描，以细笔勾勒形廓者也。不设色之画，其感人也，纯以形式及笔势；设色之画，其感人也，于形式、笔势以外，兼用激刺。

中国画家，自临摹旧作入手。西洋画家，自描写实物入手。故中国之画，自肖像而外，多以意构，虽名山水之图，亦多以记忆所得者为之。西人之画，则人物必有概范，山水必有实景，虽理想派之作，亦先有所本，乃增损而润色之。

中国之画，与书法为缘，而多含文学之趣味。西人之画，与建筑、雕刻为缘，而佐以科学之观察，哲学之思想。故中国之画，以气韵胜，善画者多工书而能诗。西人之画，以技能及意蕴胜，善画者或兼建筑、图画二术，而图画之发达，常与科学及哲学相随焉。中国之图画术，托始于虞、夏，备于唐，而极盛于宋，其后为之者较少，而名家亦复辈出。西洋之图画术，托始于希腊，发展于 14、15 世纪，极盛于 16 世纪；近 3 世纪，则学校大备，画人伙颐，而标新立异之才，亦时出于其间焉。

修改润色

修改润色，是指对已经写完的文章进行再加工，使之语句通顺、内容充实、行文严谨，所涉及的对象通常包括文章的“言”和“意”两方面的内容。“言”是指言辞和表达，“意”是指立意和思想内容。修改文章，首先要着眼于“意”，看立意是否正确，观点是否鲜明。只有“意”正确了，对“言”的修改才有基础。

本次训练主要进行“言”的修改润色，重点如下：

1. 改“对”：字、词、标点的错误以及病句一一改正。

2. 改“顺”：用词准确，句意连贯，合乎事理、情理。

3. 改“好”：使用多种表达方式、修辞手法、写作技巧等，使语言更丰富、更有文采，更能够突出中心。

1. 葡萄月令

⊙汪曾祺

一月，下大雪。

雪静静地下着。果园一片白。听不到一点声音。

葡萄睡在铺着白雪的窖里。

二月里刮春风。

立春后，要刮四十八天“摆条风”。风摆动树的枝条，树醒了，忙忙地把汁液送到全身。树枝软了。树绿了。

葡萄树是作者描写的主体，作者用短句子和连续变化的动词来写时间更替，紧扣题目中的“月令”。

雪化了，土地是黑的。

黑色的土地里，长出了茵陈蒿。碧绿。

葡萄出窖。

把葡萄窖一锹一锹挖开。挖下的土，堆在四面。葡萄藤露出来了，乌黑的。有的梢头已经绽开了芽苞，吐出指甲大的苍白的小叶。它已经等不及了。

把葡萄藤拉出来，放在松松的湿土上。

不大一会儿，小叶就变了颜色，叶边发红；——又不大一会儿，绿了。

三月，葡萄上架。

先得备料。把立柱、横梁、小棍，槐木的、柳木的、杨木的、桦木的，按照树棵大小，分别堆放在旁边。立柱有汤碗口粗的、饭碗口粗的、茶杯口粗的。一棵大葡萄得用八根、十根，乃至十二根立柱。中等的，六根、四根。

先刨坑，竖柱。然后搭横梁，用粗铁丝摽紧。然后搭小棍，用细铁丝缚住。

然后，请葡萄上架。把在土里趴了一冬的老藤扛起来，得费一点劲。大的，得四五个人一起来。“起！——起！”哎，它起来了。把它放在葡萄架上，把枝条向三面伸开，像五个指头一样地伸开，扇面似的伸开。然后，用麻筋在小棍上固定住。葡萄藤舒舒展展，凉凉快快地在上面待着。

上了架，就施肥。在葡萄根的后面，距

口语化的短句形象地写出了葡萄上架的经过，动作、声音、场面都传神地呈现在读者眼前。

主干一尺，挖一道半月形的沟，把大粪倒在里面。葡萄上大粪，不用稀释，就这样把原汁大粪倒下去。大棵的，得三四桶。小葡萄，一桶也就够了。

四月，浇水。

挖窖挖出的土，堆在四面，筑成垄，就成一个池子。池里放满了水。葡萄园里水气泱泱，沁人心肺。

葡萄喝起水来是惊人的。它真是在喝哎！葡萄藤的组织跟别的果树不一样，它里面是一根一根细小的导管。这一点，中国的古人早就发现了。《图经》云："根苗中空相通。圃人将货之，欲得厚利，暮溉其根，而晨朝水浸子中矣，故俗呼其苗为木通。""暮溉其根，而晨朝水浸子中矣"，是不对的，葡萄成熟了，就不能再浇水了。再浇，果粒就会涨破。"中空相通"却是很准确的。浇了水，不大一会儿，它就从根直吸到梢，简直是小孩嘬奶似的拼命往上嘬。浇过了水，你再回来看看吧：梢头切断过的破口，就嗒嗒地往下滴水了。

先引用资料使文章内容丰富，又用自己的实践印证资料，叙述经过真实生动。

是一种什么力量使葡萄拼命地往上吸水呢？

施了肥，浇了水，葡萄就使劲抽条、长叶子。真快！原来是几根根枯藤，几天工夫，就变成青枝绿叶的一大片。

五月，浇水、喷药、打梢、掐须。

葡萄一年不知道要喝多少水，别的果树都不这样。别的果树都是刨一个“树碗”，往里浇几担水就得了，没有像它这样的：“漫灌”，整池子地喝。

喷波尔多液。从抽条长叶，一直到坐果成熟，不知道要喷多少次。喷了波尔多液，太阳一晒，葡萄叶子就都变成蓝的了。

葡萄抽条，丝毫不知节制，它简直是瞎长！几天工夫，就抽出好长的一截新条。这样长法还行呀，还结不结果呀？因此，过几天就得给它打一次条。葡萄打条，也用不着什么技巧，是个人就能干，拿起树剪，噼噼啪啪，把新抽出来的一截都给它铰了就得了。一铰，一地的长着新叶的条。

用拟人手法，用反问句，用象声词，把“打条”的环节写得意趣多多，像是在边干活边同读者聊天。

葡萄的卷须，在它还是野生的时候是有用的，好攀附在别的什么树木上。现在，已经有人给它好好地固定在架上了，就一点用也没有了。卷须这东西最耗养分——凡是作物，都是优先把养分输送到顶端，因此，长出来就给它掐了，长出来就给它掐了。

葡萄的卷须有一点淡淡的甜味。这东西如果腌成咸菜，大概不难吃。

五月中下旬，果树开花了。果园，美极了。梨树开花了，苹果树开花了，葡萄也开花了。

都说梨花像雪，其实苹果花才像雪。雪是厚重的，不是透明的。梨花像什么呢？——梨花的瓣子是月亮做的。

有人说葡萄不开花，哪能呢！只是葡萄花很小，颜色淡黄微绿，不钻进葡萄架是看不出的，而且它开花期很短。很快，就结出了绿豆大的葡萄粒。

六月，浇水、喷药、打条、掐须。

葡萄粒长了一点了，一颗一颗，像绿玻璃料做的纽子。硬的。

葡萄不招虫。葡萄会生病，所以要经常喷波尔多液。但是它不像桃，桃有桃食心虫；梨，梨有梨食心虫。葡萄不用疏虫果。——果园每年疏虫果是要费很多工的。虫果没有用，黑黑的一个半干的球，可是它耗养分呀！所以，要把它“疏”掉。

七月，葡萄“膨大”了。

掐须、打条、喷药，大大地浇一次水。

追一次肥。追硫铵。在原来施粪肥的沟里撒上硫铵。然后，就把沟填平了，把硫铵封在里面。

汉朝是不会有追这次肥的，汉朝没有硫铵。

八月，葡萄“着色”。

你别以为我这里是把画家的术语借用来了。不是的。这是果农的语言，他们就叫“着色”。

下过大雨，你来看看葡萄园吧，那叫好看！白的像白玛瑙，红的像红宝石，紫的像紫水晶，黑的像黑玉。一串一串，饱满、磁棒、挺括，璀璨琳琅。你就把《说文解字》里的玉字偏旁的字都搬了来吧，那也不够用呀！

作者先连用几个比喻句，再用几个准确的形容词，最后用夸张的手法，把内心的得意、欢欣、迫不及待都写了出来。

可是你得快来！明天，对不起，你全看

不到了。我们要喷波尔多液了。一喷波尔多液，它们的晶莹鲜艳全都没有了，它们蒙上一层蓝兮兮、白乎乎的东西，成了磨砂玻璃。我们不得不这样干。葡萄是吃的，不是看的。我们得保护它。

过不两天，就下葡萄了。

一串一串剪下来，把病果、瘪果去掉，妥妥地放在果筐里。果筐满了，盖上盖，要一个棒小伙子跳上去蹦两下，用麻筋缝的筐盖。——新下的果子，不怕压，它很结实，压不坏。倒怕是装不紧，逛里逛当的。那，来回一晃悠，全得烂！

葡萄装上车，走了。

去吧，葡萄，让人们吃去吧！

用比喻写出果园的美丽。

九月的果园像一个生过孩子的少妇，宁静、幸福，而慵懒。

我们还给葡萄喷一次波尔多液。哦，下了果子，就不管了？人，总不能这样无情无义吧。

十月，我们有别的农活。我们要去割稻子。葡萄，你愿意怎么长，就怎么长着吧。

十一月，葡萄下架。

把葡萄架拆下来。检查一下，还能再用的，搁在一边。糟朽了的，只好烧火。立柱、横梁、小棍，分别堆垛起来。

剪葡萄条。干脆得很，除了老条，一概剪光。葡萄又成了一个大秃子。

剪下的葡萄条，挑有三个芽眼的，剪成二尺多长的一截，捆起来，放在屋里，准备明春插条。

其余的，连枝带叶，都用竹笤帚扫成一堆，装走了。

葡萄园光秃秃。

十一月下旬，十二月上旬，葡萄入窖。

这是个重活。把老本放倒，挖土把它埋起来。要埋得很厚实。外面要用铁锹拍平。这个活不能马虎。都要经过验收，才给记工。

葡萄窖，一个一个长方形的土墩墩。一行一行，整整齐齐地排列着。风一吹，土色发了白。

文章结构圆融完整，循着月令，把葡萄的一年有声有色、有滋有味地写出来，我们从中又何尝体会不到作者对生活的深沉热爱呢？

这真是一年的冬景了。热热闹闹的果园，现在什么颜色都没有了。眼界空阔，一览无余，只剩下发白的黄土。

下雪了。我们踏着碎玻璃碴儿似的雪，检查葡萄窖，扛着铁锹。

一到冬天，要检查几次。不是怕别的，怕老鼠打了洞。葡萄窖里很暖和，老鼠爱往这里面钻。它倒是暖和了，咱们的葡萄可就受了冷啦！

我国最早的书店

我国古代的书店叫“书肆”。据相关文献推断，汉唐之际应是我国古代书肆产生和初步发展的重要时期。书肆产生并出现在文献中，是在西汉时期。书肆还有“书林”“书铺”“书棚”“书堂”“书屋”等叫法，既刻书，又卖书。“书店”一词最早见于清乾隆年间，距今已有200多年。

唐代是我国文化典籍最为兴盛的时期之一，也是我国书肆发展史上的重要阶段。唐代的书肆遍及江南各地，其中以西京长安的书肆最为兴盛，所售之书种类齐全，应有尽有。东都洛阳是唐代的第二大城市，又是当时举行科举考试的第二试场，书肆之设自不待言。

2. 故乡的吃食

⊙迟子建

北方人好吃，但吃得不像南方人那么讲究和精致，菜品味重色暗，所以真正能上得了席面的很少。不过寻常百姓家也是不需要什么席面的，所以那些家常菜一直是我们的最爱。

如果不年不节的，平素大家吃得都很简单。由于故乡地处苦寒之地，冬季漫长，寸草不生，所以吃不到新鲜的绿色蔬菜。我们食用的，都是晚秋时储藏在地窖里的菜：土豆、萝卜、白菜、胡萝卜、人头菜、倭瓜，当然还有腌制的酸菜和夏季时晒的干菜，比如豆角干、西葫芦干、茄子干等。人们喜欢吃炖菜，冬天的菜尤其适合炖。将一大盆连汤带菜的热气腾腾的炖菜捧上桌，寒冷都被赶走了三分。人们喜欢把主食泡在炖菜中，比如玉米饼和高粱米饭，一经炖菜的浸润，有如酒经过了岁月的洗礼，滋味格外地醇厚。而到了夏季，炖菜就被蘸酱菜和炒菜代替了。园田中有各色碧绿的新鲜蔬菜，菠菜呀、黄瓜呀、青葱呀、生菜呀等，都适宜生着蘸酱吃；而芹菜、辣椒等则可爆炒。这个季节的主食就不像冬天似的以干的为主了，这时候人们喜欢喝粥，芸豆大楂子粥、高粱米粥以及小米绿豆粥是此时餐桌上的主宰。

家常便饭到了节日时，就像毛手毛脚的短工，被打发了，节日自有节日的吃食。先从春天说起吧。立春的那一天，家家都得烙春饼。春饼不能油大，要擀得薄如纸片，用慢火在锅里轻轻翻转，烙到白色的面饼上飞出一片片晚霞般的金黄的印记，饼就熟了。烙过春饼，再炒上一盘切得细若游丝的土豆丝，用春饼卷了吃，真的觉得春天温暖地回来了。除了吃春饼，这一天还要“啃春”，好像残冬是顽石一块，不动用牙齿啃噬它，春天的气息就飘不出来似的。我们啃春的对象就是萝卜，萝卜到了立春时，柴的比脆生的多，选啃春的萝卜既要看它的模样，又要看它是否丰腴、汁液是否饱满。很奇怪，啃过春后，嘴里就会荡漾着一股清香的气味，恰似春天草木复苏的气息。立春一过，离清明就不远了。人们这一天会挎着篮子去山上给已故的亲人上坟。篮子里装着染成红色的熟鸡蛋，它们被上过供后，依然会被带回到生者的餐桌上，由大家分食，据说吃了这样的鸡蛋很吉利。而谁家要是生了孩子，主人也会煮了鸡蛋，把皮染红，送与亲戚和邻里分享。所以我觉得红皮鸡蛋走在两个极端上：出生和死亡。它们像一双无形的大手，一手把新生婴儿托到尘世上，一手又把一个衰朽的生命送回尘土里。所以清明节的鸡蛋，吃起来总觉得有股土腥味。

清明过后，天气越来越暖了，野花开了，草也长高了，这时端午节来了。家家户户提前把风干的粽叶泡好，将糯米也泡好，包粽子的工作就开始了。粽子一般都包成菱形，若是用五彩线捆粽叶的话，粽子看上去就像花荷包了。粽子里通常要夹馅的，爱吃甜的就夹上红枣和豆沙，爱吃咸的就夹上一块腌肉。粽子蒸熟后，要放到凉水中浸着，这样放个两天三天都不会坏。父亲那时爱跟我们讲端午节的来历，讲屈原，讲他投水的那条汨罗江，讲人们包了粽子投到水里是为了喂鱼，鱼吃了粽子，就不会吃屈原了。我那时一根筋，心想：你们凭什么认为鱼吃了粽子后就不会去吃人肉？我们一顿不是至少也得吃两道菜吗？吃粽子跟吃点心是一样的，完全可以拿着它们到门外去吃。门楣上插着拴着红葫芦的柳枝和艾蒿，一红一绿，看上去分外明丽，站在那儿吃粽子真的是无限风光。我那时对屈原的诗一无所知，但我想他一定是个了不起的诗人，因为世上的诗人很多，只有他才会给我们带来节日。

端午节之后的大节日，当数中秋节了。中秋节是一定要吃月饼的。那时商店卖的月饼只有一种，馅儿是用青红丝、花生仁、核桃仁以及白糖调和而成的，类似于现在的五仁月饼，非常甜腻。我小的时候虫牙多，所以记得有两次八月十五吃月饼时，吃得牙痛，大家赏月时，我却疼得呜呜直哭。爸爸会抱起我，让我从月亮里看那个偷吃了长生不老药而飞入月宫的嫦娥，可我那双蒙眬的泪眼看到的只是一团白花花的东西。月光和我的泪花融合在一起了。在这一天，小孩子们爱唱一首歌谣：

蛤蟆蛤蟆气臌[1]，气到八月十五，

杀猪、宰羊，气得蛤蟆直哭。

蛤蟆的哭声我没听到，倒是听见了自己因为牙痛发出的哭声。所以我觉得自己就是歌谣中那只可怜的蛤蟆，因牙痛而不敢碰中秋餐桌上丰盛的菜肴。

中秋一过，天就凉了，树叶黄了，秋风把黄叶吹得满天飞。雪来了。雪一来，腊月和春节也就跟着来了。都说腊七腊八冻掉下巴，所以到了腊八的时候，人们要煮腊八粥喝。腊八粥的内容非常丰富，粥中不仅有多种多样的米，如玉米、高粱米、小米、黑米、大米，还有一些豆类，如芸豆、绿豆、黑豆等。这些米和豆经过几个小时慢火的熬制，香软滑腻，喝上这样一碗香喷喷的粥，真的是不惧怕寒风和冰雪了。

一年中最大最隆重的节日莫过于春节了。我们那里一进腊月，女人们就开始忙年了。她们会每天发上一块大面团，花样翻新地蒸年干粮，什么馒头、豆包、糖三角、花卷、枣山，蒸好了就放到外面冻上，然后收到空面袋里，堆置在仓房，正月时随吃随取。除了蒸年干粮，腊月还要宰猪。宰猪就是男人们的事情了。谁家宰猪，那天就是谁家的节日。餐桌上少不了要有蒜泥血肠、大骨棒炖干豆角、酸菜白肉等令人胃口大开的菜。

人们一年的忙活，最终都聚集在除夕的那顿年夜饭上了。除

---

① 臌（gǔ）：鼓胀。

了必须要包饺子之外，家家都要做上一桌的荤菜，少则六个，多则十二或十八个，看到盘子挨着盘子，碗挨着碗，灯影下大人们脸上的表情是平和的。他们很知足地看着我们，就像一只羊喂饱了它的羊羔，满面温存。我们争着吃饺子，有时会被大人们悄悄包到饺子里的硬币给硌了牙，当我们“当啷”一声将硬币吐到桌子上时，我们就长了一岁。

介推焚死

出自《新序·节士》。介之推是春秋时晋国的贤臣，曾侍奉公子重耳。重耳做了国君（即晋文公）后，却没有封赏他。介之推心中十分伤感，就和年迈的母亲回到家乡，隐居在山中。

有一天，晋文公想起了他，就亲自跑到他隐居的山中寻找，他始终不愿出来。晋文公没有找到介之推，又总是等不到介之推下山。怎么办呢？他想，介之推是个孝子，如果放火烧山，他一定会背着母亲出来。谁知连烧三日，也没有见到他们。火熄之后，大家才发现介之推和他的老母亲相抱在一起被烧死在深山之中。晋文公十分伤心，吩咐厚葬他们母子。

【典意】感叹贤士爱惜名节，不肯轻易求取封赏。

3. 谈谈我的写作

⊙苏良明

从三年级就开始写作文，到现在已经七年了。七年的作文经历和感受真的特别多。

我的小学是在一所叫先锋小学的学校度过的，在那里我没有激起对作文的半点兴趣，每次要写作文，我就头疼不已，因此没少受老师和家长的批评。

进入初中，我有幸遇到了一位热爱读书和写作的语文老师，他经常谈起所读过的好书，说起其中的精彩情节或是值得学习的写法，引经据典、口若悬河，总能勾起我们阅读的欲望，我读过的几本大部头书籍就是受这位语文老师的感染而读的。老师坚持练笔，每有写得绝妙的小文章，他就在全班进行展示，而他陶醉地读起自己作文的时候，是全班最安静的时候，也是我最开心的时候。

虽然如此，我写出的作文也常常难以得到高分，整个初一一年的时间我没写出一篇让自己满意的作文，更别说被老师青睐的作文了。初一阶段，作文的要求变了，尤其是字数变了，由小学的400字猛增到600字，对于我这个写作文一直犯难的人来说，这实在是一个大困难。我记得最清楚的是写一篇纯写景的作文《家乡的秋》，在我眼里，100字足够描绘的作文硬是要写出600字，这不是“巧妇难为无米之炊”吗？最后我胡乱凑了400字交差，可想而知是什么结果。好在老师的阅读、写作经历与体会一次次撞击着我的心扉，让我有了想要在作文上更进一步的念头。

进入初二，老师愈来愈强调周记的重要性，他要求我们每周写600字以上的周记，一篇600字以上可以，两篇共600字也行。这个要求似乎让我有了完成任务的信心。就这样，我坚持写啊写，并且按老师说的，善于从平凡的生活中发现有价值的事情与细节。渐渐地，我发现，写满600字并没有那么难了，而且我的作文里也开始有了老师圈出来的好词好句。我记得写过一篇叫《爱》的作文，我写了8面，合计1800多字，那篇作文老师给打了全班最高的93分，在那篇作文里，老师给我圈画了好多好句，他说我的作文有很多感人的细节，而且还在最后的评语里写道：“读得我眼泪在眼眶里打转。感动！”当老师当着全班读出我的作文的时候，我的内心似有一股热血在涌动。

现在我已步入初三，面临中考，虽然我不能把每篇作文都写得特别好，但我对作文有了更多的信心。面对作文，我没有那么恐惧了，我有了表达的欲望，而且，我学着用更新、更美的方式去表达，我特别喜欢从自己经历的或身边发生的小事中去发掘深刻的生活哲理。通过不断地进行这样的写作训练，我感觉我的观察力、理解力在不断得到提高，这是一种很幸福的感觉。

或许我的作文才刚刚步入正轨，或许我的体会感受还很肤浅，或许在作文的道路上，我还将遇到很多困难，但挥笔前行，我充满力量和信心，远方一定有更加美好的风景等着我！

（学生习作）

笔扫千军

唐玄宗天宝十四载（755）春天，杜甫曾作《醉歌行》安慰他应考落第的从侄杜勤，“词源倒流三峡水，笔阵独扫千人军”“旧穿杨叶真自知，暂蹶霜蹄未为失”，称赞杜勤文气浩翰，笔势雄浑。后因以“笔扫千军”喻书法卓绝或诗文雄健刚劲。如元代无名氏杂剧《苏子瞻醉写赤壁赋》中有“韩吏部、李翰林……他两个文施翰墨，笔扫千军，临危世乱，势尽时休”。

【典意】形容笔力雄健，有横扫千军万马的气势。

整本书阅读

儒林外史

⊙〔清〕吴敬梓

阅读导航

《儒林外史》这本书借助性格扭曲或正直的人物，和看似荒诞实则真实的故事，环环相扣，人物间相互辐射，事件里相互呼应，诸多大小人物浮沉于那些年的儒林之海。时代的主旋律呼之欲出，社会的大风貌如在眼前，真实反映了作者所生活的时代里官场、儒林中的丑恶与虚伪，被鲁迅称为“讽刺小说”，可见其警示作用不容小觑。

“将相神仙，儒林偏生江湖事；集诸碎锦，一双冷眼看世人。”读别人的故事，品自己的人生。一部《儒林外史》，道尽读书人的风霜雨雪、心酸苦叹。那么，你有没有问过自己：读书在你的生命中是怎样一种意义的存在？看看他们的经历，想想自己，相信你从文字中汲取到的精神养料，会让你在未来的生活中清明如镜。

精彩选篇

一

马二先生送殡回来，依旧到城隍山吃茶。忽见茶室傍边添了一张小桌子，一个少年坐着拆字。那少年虽则瘦小，却还有些精神。却又古怪，面前摆着字盘笔砚，手里却拿着一本书看。马二先生心里诧异，假作要拆字，走近前一看，原来就是他新选的《三科程墨持运》。马二先生竟走到桌傍板凳上坐下。那少年丢下文章，问道："是要拆字的？"马二先生道："我走倒了，借此坐坐。"那少年道："请坐，我去取茶来。"即向茶室里开了一碗茶，送在马二先生跟前，陪着坐下。马二先生见他乖觉，问道："长兄，你贵姓？可就是这本城人？"那少年又看见他戴着方巾，知道是学里朋友，便道："晚生姓匡，不是本城人。晚生在温州府乐清县住。"马二先生见他戴顶破帽，身穿一件单布衣服，甚是蓝缕，因说道："长兄，你离家数百里，来省做这件道路？这事是寻不出大钱来的，连糊口也不足。你今年多少尊庚？家下可有父母妻子？我看你这般勤学，想也是个读书人？"那少年道："晚生今年二十二岁，还不曾娶过妻子。家里父母俱存。自小也上过几年学。因是家寒无力，读不成了。去年跟着一个卖柴的客人来省城，在柴行里记账。不想客人消折了本钱，不得回家，我就流落在此。前日一个家乡人来，说我父亲在家有病，于今不知个存亡，是这般苦楚。"说着，那眼泪如豆子大掉了下来。马二先生着实恻然，说道："你且不要伤心。你尊讳尊字是甚么？"那少年收泪道："晚生叫匡迥，号超人。还不曾请问先生仙乡贵姓。"马二先生道："这不必问。你方才看的文章，封面上马纯上就是我了。"匡超人听了这话，慌忙作揖，磕下头去，说道："晚生真乃有眼不识泰山！"马二先生忙还了礼，说道："快不要如此。我和你萍水相逢，斯文骨肉。这拆字到晚也有限了，长兄何不收了，同我到下处谈谈？”匡超人道：“这个最好。先生请坐，等我把东西收了。”当下将笔砚纸盘收了，做一包背着，同桌凳寄在对门庙里，跟马二先生到文瀚楼。

马二先生到文瀚楼开了房门坐下。马二先生问道：“长兄，你此时心里可还想着读书上进？还想着家去看看尊公么？”匡超人见问这话，又落下泪来道：“先生，我现今衣食缺少，还拿甚么本钱想读书上进？这是不能的了。只是父亲在家患病，我为人子的，不能回去奉侍，禽兽也不如。所以几回自心里恨极，不如早寻一个死处！”马二先生劝道：“快不要如此。只你一点孝思，就是天地也感格的动了。你且坐下，我收拾饭与你吃。”当下留他吃了晚饭，又问道：“比如长兄你如今要回家去，须得多少盘程？”匡超人道：“先生，我那里还讲多少？只这几天水路搭船。到了旱路上，我难道还想坐山轿不成？背了行李走，就是饭食少两餐也罢。我只要到父亲跟前，死也瞑目！”马二先生道：“这也使得。你今晚且在我这里住一夜，慢慢商量。”

到晚，马二先生又问道：“你当时读过几年书？文章可曾成过篇？”匡超人道：“成过篇的。”马二先生笑着向他说：“我如今大胆出个题目，你做一篇，我看看你笔下可望得进学。这个使得么？”匡超人道：“正要请教先生，只是不通，先生休笑。”马二先生道：“说那里话？我出一题，你明日做。”说罢，出了题，送他在那边睡。

次日，马二先生才起来，他文章已是停停当当，送了过来。

马二先生喜道：“又勤学，又敏捷，可敬！可敬！”把那文章看了一遍，道：“文章才气是有，只是理法欠些。”将文章按在桌上，拿笔点着，从头至尾，讲了许多虚实反正、吞吐含蓄之法与他。他作揖谢了要去。马二先生道：“休慌。你在此终不是个长策，我送你盘费回去。”匡超人道：“若蒙资助，只借出一两银子就好了。”马二先生道：“不然，你这一到家，也要些须有个本钱奉养父母，才得有工夫读书。我这里竟拿十两银子与你。你回去做些生意，请医生看你尊翁的病。”当下开箱子取出十两一封银子，又寻了一件旧棉袄、一双鞋，都递与他，道：“这银子，你拿家去；这鞋和衣服，恐怕路上冷，早晚穿穿。”匡超人接了衣裳、银子，两泪交流道：“蒙先生这般相爱，我匡迥何以为报！意欲拜为盟兄，将来诸事还要照顾。只是大胆，不知长兄可肯容纳？”

马二先生大喜，当下受了他两拜，又同他拜了两拜，结为兄弟。留他在楼上，收拾菜蔬，替他饯行。吃着，向他说道：“贤弟，你听我说。你如今回去，奉事父母，总以文章举业为主。人生世上，除了这事，就没有第二件可以出头。不要说算命拆字是下等，就是教馆、作幕，都不是个了局。只是有本事进了学，中了举人、进士，即刻就荣宗耀祖。这就是《孝经》上所说的‘显亲扬名’，才是大孝，自身也不得受苦。古语道得好：‘书中自有黄金屋，书中自有千钟粟，书中自有颜如玉。’而今甚么是书？就是我们的文章选本了。贤弟，你回去奉养父母，总以做举业为主。就是生意不好，奉养不周，也不必介意，总以做文章为主。那害病的父亲，睡在床上，没有东西吃，果然听见你念文章的声气，他心花开了，分明难过也好过，分明那里疼也不疼了。这便是曾子的‘养志’。假如时运不好，终身不得中举，一个廪生是挣的来的。到后来，做任教官，也替父母请一道封诰。我是百无一能，年纪又大了。贤弟，你少年英敏，可细听愚兄之言，图个日后宦途相见。”说罢，又到自己书架上，细细检了几部文章，塞在他棉袄里卷着，说道：“这都是好的，你拿去读下。”匡超人依依不舍，又急于要家去看父亲，只得洒泪告辞。马二先生携着手，同他到城隍山旧下处取了铺盖，又送他出清波门，一直送到江船上，看着上了船，马二先生辞别，进城去了。

（节选自第十五回）

阅读规划

阅读《儒林外史》，可按以下思路完成：

1. 阅读第一遍，同学间说一说生动的故事情节（注意细节的表述）。

阅读章节	人物	故事情节	有无变化

2. 阅读第二遍，写一写简单的人物评价（运用精练的语言）。

人物	具体事件	总体评价
	1.	
	2.	
	3.	
	4.	

3. 阅读第三遍，小组间议一议小说的批判力量（说出独到的见解）。

交流平台

问题一：八股制度下的读书人

提示：1. 注意人物之间的关系，思考：是关系改变了人还是社会扭曲了人？

2. 注意细节描写，分析每个读书人先后有没有变化，变化的原因是什么。

3. 请写一篇简短的人物点评，说出自己独到的见解，并和大家交流。

问题二：我也说“选择”

提示：1. 梳理书中读书人做出的不同选择，在他们选择的背后，你看到了什么？

2. 读过本文，关于“成长过程中的选择”你怎么看？可以写一篇读后感。

敬启

为编好这本书，我们与收入本书的作品（含图片）作者进行了广泛联系，得到了各位作者的大力支持。在此，我们表示衷心的感谢。但是，由于个别作者地址不详，虽经多方努力，仍无法取得联系。敬请各位有著作权的作者尽快与我们联系，以便我们支付稿酬，并致谢忱！

我们还要感谢使用本书的师生们。希望你们在使用本书的过程中，能够及时把意见和建议反馈给我们，对此，我们深表谢意，并将给予一定奖励。让我们携起手来，共同完成本书的建设工作。

联 系 人：梁老师　张老师

联系电话：010-58022100

联系邮箱：ztxx2008@sina.com

网　　址：http：//www.ywztxx.com

地　　址：北京市海淀区知春路7号致真大厦A座18层

图书在版编目（CIP）数据

经典中漫步 / 徐名印主编. — 上海 : 上海教育出版社, 2021.6
ISBN 978-7-5720-0819-1

Ⅰ. ①经… Ⅱ. ①徐… Ⅲ. ①阅读课—初中—教学参考资料 Ⅳ. ①G634.333

中国版本图书馆CIP数据核字（2021）第142049号

责任编辑　张嘉恒　李光卫
封面设计　陈丽娟　王艺霖
著作权人　北京华樾教育科技有限公司

经典中漫步
徐名印　主编

出版发行　上海教育出版社有限公司
官　　网　www.seph.com.cn
地　　址　上海市永福路 123 号
邮　　编　200031
印　　刷　阳谷毕升印务有限公司
开　　本　720 × 1010　1/16　印张 66
字　　数　900千字
版　　次　2021年8月第1版
印　　次　2021年8月第1次印刷
书　　号　ISBN 978-7-5720-0819-1/G · 0635
定　　价　268.00元

如发现质量问题，请向本社调换　　电话 021-64377165